I0380283

Que Es El Evangelio, Y Cómo Compartirlo

Que Es El Evangelio,

Y Cómo Compartirlo

Todd Michael Fink

Que Es El Evangelio

Y Cómo Compartirlo

Entender La Esencia del Evangelio y Cómo Compartirlo Eficazmente

por

Todd Michael Fink

Publicado por Selah Book Press

Tapa del libro © 2020 por Selah Book Press

Diseño de la cubierta por Selah Book Press

Copyright © 2020 por Todd Michael Fink

ISBN-13: 978-1-944601-52-2

Primera Edición

Todas las referencias de las Escrituras son tomadas de la versión Nueva Biblia de las Américas (NBLA)

Nueva Biblia de las Américas™ NBLA™ Copyright © 2005 por The Lockman Foundation, La Habra, California

La Escritura en negrita es énfasis añadido por el autor.

Contenido

Introducción 1

Capítulo 1: El Evangelio Bajo Ataque 4

Capítulo 2: ¿Qué Es El Evangelio? Fundación General............ 12

Capítulo 3: ¿Qué Es El Evangelio? Malas Noticias Parte 1 18

Capítulo 4: ¿Que Es El Evangelio? Malas Noticias Parte 2 30

Capítulo 5: ¿Qué Es El Evangelio? Las Buenas Noticias 55

Capítulo 6: ¿Qué Debemos Creer Para Ser Salvos? 69

Capítulo 7: ¿Qué Es Fe Salvadora? 84

Capítulo 8: Compartir El Evangelio En Siete Pasos Claros 107

Capítulo 9: ¿Qué Hacer Después de La Salvación? 118

Capítulo 10: Siete Maneras En Que Dios Se Revela 139

Capítulo 11: Cuatro Excusas En Contra del Evangelio 166

Capítulo 12: Cómo Comenzar y Hablar del Evangelio 184

Capitulo 13: ¿Qué Actitud Tener al Compartir El Evangelio?. 195

Capítulo 14: Lo Que Dios Hace al Compartir El Evangelio 207

Capítulo 15: ¿Eres un Pescador de Hombres?......................... 216

Capítulo 16: Éxito y Fracaso al Compartir El Evangelio 226

Bibliographía 236

Acerca del Autor 238

Otros Libros Por Todd Miguel Fink 239

Conectar con Todd Miguel Fink 240

Introducción

Muchos cristianos de hoy en día tienden a tener una perspectiva desinteresada del evangelio. La mayoría no lo comparte como debería estarlo compartiendo, y otros ni siquiera entienden lo que es.

Además, el evangelio que se predica desde muchos púlpitos es preocupante. A menudo es poco claro, incompleto e inexacto. Algo tan querido de Cristo, y por aquello que murió en la Cruz, es lamentable que no compartamos la misma pasión que Cristo por su claridad. Si realmente queremos ser como Jesús, es primordial que comprendamos el evangelio y sepamos cómo compartirlo. Ese es el objetivo y el propósito de este libro.

Mi deseo más profundo al escribir sobre la esencia del evangelio y cómo compartirlo es ser 100% bíblico. Simplemente quiero dejar que Dios hable a través de Su Palabra al respecto, y no agregar ni quitar lo que Él dice de ninguna manera. Si bien a menudo nos sentimos incómodos o nos resulta difícil entender lo que Dios dice en las Escrituras, nuestro trabajo es descubrir a través de un análisis cuidadoso y responsable de Su Palabra lo que está diciendo, y luego creerlo y obedecerlo.

Por lo tanto, este libro contendrá mucha Escritura.

En lugar de solo hacer referencia a los versículos, se incluyen en el libro para que pueda leerlos y reflexionar sobre ellos. Por favor, tómese el tiempo para contemplar en oración estos versículos y no omitirlos, incluso si ya los conoce. La Palabra de Dios es viva y fresca. Cada vez que la leemos, y especialmente si nuestro contexto es diferente, Dios revela nuevas percepciones y verdades.

El mayor acto de amor es exponer y enseñar la verdad con precisión. Por el contrario, la mayor falta de amor es alterar y descuidar aspectos de la verdad porque pueden parecer culturalmente insensibles o difíciles. Esto es especialmente cierto cuando se trata del evangelio. Si no lo hacemos bien, entonces la salvación y la eternidad descansan en la balanza.

Cristo dijo algunas palabras muy aleccionadoras y temerosas: *"No todo el que me dice: 'Señor, Señor', entrará en el reino de los cielos, sino el que hace la voluntad de Mi Padre que está en los cielos. Muchos me dirán en aquel día: 'Señor, Señor, ¿no profetizamos en Tu nombre, y en Tu nombre echamos fuera demonios, y en Tu nombre hicimos muchos milagros?' Entonces les declararé: 'Jamás los conocí; apártense de Mí, los que practican la iniquidad'"* (Mat. 7:21–23).

Es muy posible que muchos no estén en el cielo porque creían en un evangelio incompleto o falso. Por lo tanto, la mayor falta de amor sería compartir un evangelio no bíblico. Por esta razón, luchemos juntos para comprender qué es el evangelio y cómo compartirlo de una manera bíblica y efectiva.

Capítulo 1

El Evangelio Bajo Ataque

El Evangelio Bajo Ataque

Poco después de que se predicara el evangelio por primera vez, los ataques de los judíos, los no creyentes, Satanás, y las fuerzas mundanas comenzaron a atacar su esencia. Nada ha cambiado en los últimos 2,000 años. El evangelio siempre ha estado y siempre estará bajo ataque. ¿Por qué? Porque es el vehículo a través del cual somos salvos. Si Satanás puede torcer y distorsionar el evangelio, entonces puede librar efectivamente la guerra por la salvación de innumerables almas y su destino eterno.

Por lo tanto, encontramos muchas advertencias en el Nuevo Testamento sobre la necesidad de comprender el evangelio, proteger su claridad, defenderlo, luchar por él, y compartirlo con precisión.

El Evangelio Está Siendo Atacado Por Los Que Están Fuera y Dentro de La Iglesia

Cuando el apóstol Pablo se despidió de los ancianos de la iglesia en Éfeso, les advirtió que estuvieran en guardia y que prestaran atención porque habría quienes tratarían de distorsionar la verdad del evangelio y la Palabra de Dios:

Hechos 20:28–31: *Tengan cuidado de sí mismos y de toda la congregación, en medio de la cual el Espíritu Santo les ha hecho obispos o supervisores para pastorear la iglesia de Dios, la cual Él compró con Su propia sangre. 29 Sé que después de mi partida, vendrán **lobos feroces entre ustedes***

5

*que no perdonarán el rebaño. 30 También de **entre
ustedes mismos** se levantarán algunos hablando cosas
perversas para arrastrar a los discípulos tras ellos. 31 Por
tanto, **estén alerta**, recordando que por tres años, de noche y
de día, no cesé de amonestar a cada uno con lágrimas.*

Pablo declaró que después de su partida, algunos
entrarían intencionalmente entre la iglesia y tratarían
de alejar a los seguidores de Cristo y de la verdad.
Pablo también dice que incluso habría algunos
miembros de la iglesia que se encargarían de hacer lo
mismo. Es igual hoy, y si estamos atentos y despiertos,
nos daremos cuenta de que todavía está sucediendo.

Por lo tanto, Dios nos advierte que estemos alertas,
prestemos atención, vigilemos y protejamos nuestras
iglesias y el evangelio de estos ataques.

El Evangelio Está Bajo Ataque de Satanás y Fuerzas Malignas

No solo el evangelio está siendo atacado por los que
están fuera y dentro de la iglesia, sino también por
Satanás y sus fuerzas demoníacas:

2 Corintios 11:13–15: *Porque los tales son falsos
apóstoles, obreros fraudulentos, que se disfrazan como
apóstoles de Cristo el Mesías. 14 Y no es de extrañar, pues
aún **Satanás se disfraza como ángel de luz**. 15 Por tanto,
no es de sorprender que **sus servidores también se
disfracen como servidores de justicia**, cuyo fin será
conforme a sus obras.*

6

A menudo podemos ser somnolientos y pasivos a lo que Satanás está haciendo y creer que cualquiera que predica o comparte el evangelio lo está haciendo de manera clara y correcta. También debemos tener en cuenta que incluso las personas bien intencionadas que comparten el evangelio pueden ser utilizadas por Satanás para comunicar una versión parcial o distorsionada del mismo.

Además, Dios dice que a medida que nos acercamos a los últimos días antes de su regreso, habrá un ataque mayor de Satanás, y muchos se apartarán de la fe debido a la influencia y doctrinas demoníacas:

1 Timoteo 4:1: *El Espíritu dice claramente que en los últimos tiempos algunos se apartarán de la fe, prestando atención a espíritus* **engañadores y a doctrinas de demonios.**

Muchos de los que se caen pueden hacerlo porque creyeron y siguieron una versión diluida o falsa del evangelio.

Solo Hay Una Versión Verdadera del Evangelio, y Cualquier Alteración La Transforma En Uno Falso

Dios está tan preocupado por la esencia y la claridad del evangelio que dice que cualquier variación de la versión verdadera es un evangelio diferente. También advierte que cualquiera que enseñe y altere la verdadera versión del evangelio debe ser maldecido:

Gálatas 1:6–9: *Me maravillo de que tan pronto ustedes hayan abandonado a Aquel que los llamó por la gracia de Cristo el Mesías, **para seguir un evangelio diferente**, 7 que en realidad no es otro evangelio, sino que hay algunos que los perturban a ustedes y **quieren pervertir el evangelio** de Cristo. 8 Pero si aun nosotros, o un ángel del cielo, les anunciara otro evangelio contrario al que les hemos anunciado, **sea anatema maldito**. 9 Como hemos dicho antes, también repito ahora: Si alguien les anuncia un evangelio contrario al que recibieron, **sea anatema**.*

La palabra griega para maldito en este pasaje es una de las formas más fuertes posibles, por lo que podemos ver cuán en serio Dios toma el evangelio. También repite la palabra maldita dos veces, revelando que se toma muy en serio la claridad del evangelio.

El Estado del Evangelio Hoy

Dios sabía completamente que su verdad más preciada sería atacada por todos lados y, por lo tanto, nos da muchas advertencias sobre la necesidad de comprender y preservar esta verdad crítica. Hoy, más que nunca, el evangelio está bajo ataque y ha sido distorsionado y modificado por algunas iglesias evangélicas y creyentes, incluso con buenas intenciones.

A lo que he observado, muchos cristianos e iglesias hoy en día solo predican parte del evangelio. Hacemos un buen trabajo al enfocarnos en el amor de Dios y en cómo Él quiere ayudarnos con nuestros problemas, pero hacemos un mal trabajo al no enfocarnos en problemas fundamentales como el pecado, una relación rota con Dios, la necesidad de un nuevo corazón y una nueva naturaleza, y las consecuencias por rechazar a Cristo.

Para muchos cristianos e iglesias de hoy, la salvación consiste principalmente en ser salvados de las dificultades de nuestra vida presente, nuestros problemas, decisiones equivocadas, malos hábitos, etc. Se enfoca en el aquí y ahora y cómo podemos tener una existencia feliz, plena y exitosa en esta vida. Y de nuevo, tiende a descuidar cuestiones fundamentales como nuestra pecaminosidad, la separación de Dios, el rechazo del señorío de Cristo, y la realidad del infierno como consecuencia de rechazar a Cristo.

Muchos mensajes y predicaciones se convierten en nada más que sesiones glorificadas de autoayuda que son edificantes, motivadoras, y positivas. Y la Biblia a menudo se descuida o se modifica para ajustarse a lo que queremos que diga en lugar de dejar que diga lo que dice.

Cuando descuidamos u omitimos los problemas fundamentales y centrales delineados en el evangelio, entonces estamos en peligro de distorsionar el evangelio, y la pregunta se convierte en "¿Salvación de qué?"

Necesitamos Luchar Por La Fe

Preservar la esencia y la claridad del evangelio requiere esfuerzo y trabajo. Es una batalla que realmente nunca termina. Cada generación enfrenta el desafío de permitir que Satanás, los falsos profetas, y las personas bien intencionadas contaminen el evangelio y disminuyan su poder. Judas, inspirado por el Espíritu Santo, habla sobre el esfuerzo y el celo que debemos mostrar al luchar por la fe:

Judas 1:3–4: *Amados, por el gran empeño que tenía en escribirles acerca de nuestra común **salvación**, he sentido la necesidad de escribirles exhortándolos a **luchar ardientemente por la fe** que de una vez para siempre fue entregada a los santos. 4 Pues algunos hombres se han infiltrado encubiertamente, los cuales desde mucho antes estaban marcados para esta condenación, impíos que convierten la gracia de nuestro Dios en libertinaje, y niegan a nuestro único Soberano y Señor, Jesucristo.*

¿Qué significa luchar ardientemente? Significa contender seriamente, perseguir con cuidado, buscar con seriedad, y dar todo lo que tenemos. Entonces, ¿cómo nos va en esta tarea? Desafortunadamente, no parece que bien. Para muchas iglesias y cristianos de hoy, su actitud es muy diferente a la orden de Dios de *"Luchar ardientemente por la fe."*

Conclusión

El evangelio está siendo atacado tanto por los que están fuera como los que están dentro de la iglesia, y también por Satanás y su reino demoníaco. Como resultado, Dios nos da la orden de luchar fervientemente por la fe, proteger su claridad, y comprender cómo compartirla de manera correcta y efectiva. ¿Por qué es esto tan importante? ¡Porque hay consecuencias eternas por no hacerlo!

Capítulo 2

¿Qué Es El Evangelio?

Fundación General

¿Qué Significa La Palabra, Evangelio?

El término evangelio procede del griego que significa buenas noticias. Sin embargo, no se refiere a cualquier tipo de buenas noticias, sino al tipo que es poderoso a través de la salvación para cambiar vidas en el aquí y ahora, y al destino eterno de quienes responden a él.

El Evangelio Es La Única Manera En Que Dios Salva a La Humanidad Pecadora

Dado que Dios es el Creador y Soberano sobre Su universo, Él determina cómo las personas serán salvas. No podemos elegir la salvación según nuestros términos y lo que nuestra lógica humana considere mejor. Después de todo, no somos dioses que tienen el privilegio de decidir cómo Dios Todopoderoso debe hacer las cosas. Considere cuidadosamente lo que Dios dice acerca de cómo somos salvos:

Hechos 4:8–12: *Entonces Pedro, lleno del Espíritu Santo, les dijo: Gobernantes y ancianos del pueblo, 9 si se nos está interrogando hoy por causa del beneficio hecho a un hombre enfermo, de qué manera este ha sido sanado, 10 sepan todos ustedes, y todo el pueblo de Israel, que en el nombre de* **Jesucristo el Nazareno, a quien ustedes crucificaron y a quien Dios resucitó de entre los muertos**, *por Él, este hombre se halla aquí sano delante de ustedes. 11 Este Jesús es la piedra desechada por ustedes los constructores, pero que ha venido a ser la piedra angular.* **12 En ningún otro hay**

salvación, porque no hay otro nombre bajo el cielo dado a los hombres, en el cual podamos ser salvos.

Dios ciertamente deja en claro que no hay otro nombre debajo del cielo, o dentro de Su universo entero, por el cual podamos ser salvos. Es solo en Jesucristo y Su obra en la Cruz que se encuentra la salvación.

Cristo, quien era Dios en la carne, y quien declaró que toda la autoridad en el cielo y la tierra le había sido dada, declaró:

Juan 14:6: *Yo soy el camino, la verdad y la vida; **nadie viene al Padre sino por Mí.***

Jesús deja en claro que Él es el único camino a Dios y al cielo. Y debido a que Él era Dios en la carne, tiene todo el derecho y la autoridad para dictar los términos de la salvación:

1 Juan 5:11–12: *Y el testimonio es este: que Dios nos ha dado vida eterna, y esta vida está en Su Hijo. **12 Él que tiene al Hijo tiene la vida, y él que no tiene al Hijo de Dios, no tiene la vida.***

La salvación solo se encuentra en Cristo. Él es el único camino, y no existe otro. Cualquiera que diga lo contrario no está diciendo la verdad.

El Fundamento del Evangelio: Dios Es Nuestro Creador y Ama a Todos

Primero, debemos entender que todos somos

creados por Dios, y como resultado, Él nos ama más de lo que podemos entender o comprender:

Génesis 1:26–27: *Y dijo Dios: Hagamos al hombre a Nuestra imagen, conforme a Nuestra semejanza; y ejerza dominio sobre los peces del mar, sobre las aves del cielo, sobre los ganados, sobre toda la tierra, y sobre todo reptil que se arrastra sobre la tierra.* ***27 Dios creó al hombre a imagen Suya, a imagen de Dios lo creó; varón y hembra los creó.***

Independientemente de lo que hayamos hecho o de quiénes somos, fuimos creados por Dios y Él nos ama con un amor eterno:

Jeremías 31:3: *Desde lejos el Señor se le apareció, y le dijo:* ***Con amor eterno te he amado, por eso te he sacado con misericordia.***

El amor de Dios es un aspecto fundamental de quién es Dios y cómo se siente acerca de cada persona. Él ama a todos y desea profundamente que se salven y pasen la eternidad con Él en el cielo:

2 Pedro 3:9: *El Señor no se tarda en cumplir Su promesa, según algunos entienden la tardanza, sino que es paciente para con ustedes,* ***no queriendo que nadie perezca, sino que todos vengan al arrepentimiento.***

Juan 3:16–17: *Porque de tal manera* ***amó Dios al mundo,*** *que dio a Su Hijo unigénito, para que todo* ***aquel que cree*** *en Él, no se pierda, sino que tenga vida eterna. 17 Porque Dios no envió a Su Hijo al mundo para juzgar al* *mundo, sino para que el mundo **sea salvo** por Él.*

Romanos 5:8: *Pero Dios demuestra **su amor para con nosotros,** en que siendo aún pecadores, **Cristo murió por nosotros.***

1 Timoteo 2:3–4: *Porque esto es bueno y agradable delante de Dios nuestro Salvador, **4 el cual quiere que todos los hombres sean salvos y vengan al pleno conocimiento de la verdad.***

En estos versículos, llegamos a comprender que Dios es nuestro Creador y nos ama. Él creó a todos para tener una relación con Él y conocerlo. Ese es el propósito de la existencia de cada persona.

Qué trágico sería para nosotros, que somos padres, tener hijos que nos rechazaran, que no quisieran tener una relación con nosotros, nos ignoraran, y vivieran sus vidas como si no existiéramos. Así es exactamente cómo se siente Dios cuando lo ignoramos y nos negamos a tener una relación con Él.

Conclusión

Independientemente de cómo podamos sentirnos, o ver a Dios debido a lo que creemos que ha hecho mal en nuestras vidas o en el mundo, ama a cada persona con un profundo amor eterno que está más allá de toda medida. Su amor es tan profundo que vino a la tierra, sufrió inmensamente, y murió en la Cruz para tener una relación con nosotros.

El amor de Dios por todos es imprescindible para comprender y comunicarse al compartir el evangelio. Queremos que las personas sepan que Dios los ama, y fueron creados para tener una relación con Él. Este es el fundamento del evangelio, y sobre el cual descansan las otras partes del evangelio.

Capítulo 3

¿Qué Es El Evangelio?

Malas Noticias ~ Parte 1

Todos Somos Pecadores y Estamos Separados de Dios, Nuestro Creador

Ahora bien, el fundamento general del evangelio es que Dios nos ama, y es nuestro punto de partida para compartir el evangelio, el resto del evangelio en realidad comienza con malas noticias. La mala noticia es que somos pecadores y, por lo tanto, estamos separados de Dios y sin una relación con Él:

Isaías 59:2: *Pero las iniquidades de ustedes **han hecho separación entre ustedes y su Dios**, Y los pecados le han hecho esconder Su rostro para no escucharlos.*

El Papel del Libro de Romanos En La Comprensión del Evangelio

Para entender el evangelio y compartirlo con precisión, debemos entender los primeros seis capítulos del libro de Romanos. Este libro ofrece una de las presentaciones más claras y profundas del evangelio. En los capítulos 1-3, vemos la realidad y la profundidad de las malas noticias.

Romanos Capítulo 1

La mala noticia comienza en el capítulo 1, y revela que Dios se ha dado a conocer de diferentes maneras y revela su ira contra el pecado, y esto es conocido por cada persona, por lo que no tenemos excusa:

Romanos 1:18–20: *Porque la **ira de Dios** se revela desde el cielo contra toda impiedad e injusticia de los hombres, que* *con injusticia restringen la verdad. 19 Pero lo que se conoce acerca de **Dios es evidente dentro de ellos**, pues Dios se lo hizo evidente. 20 Porque desde la creación del mundo, Sus atributos invisibles, Su eterno poder y divinidad, se han visto con toda claridad, siendo entendidos por medio de lo creado, de manera que **ellos no tienen excusa**.*

Dios ha dado a conocer su ira y se ha revelado a cada persona, por lo que no tienen excusa. Curiosamente, para Dios, no hay ateos. Algunos pueden decir que lo son, pero en el fondo de su corazón saben que hay un Dios porque Dios mismo se les ha revelado.

Este versículo también revela que aquellos que rechazan a Dios suprimen la verdad que Él les revela. Suprimir significa dejar, bajar, ocultar, rechazar, y encubrir.

Como resultado de suprimir la verdad que Dios ha revelado, Él permite que una persona caiga más profundamente en el pecado, lo que resulta en tener una mentalidad depravada:

Romanos 1:28–32: *Y así como ellos no tuvieron a bien **reconocer a Dios, Dios los entregó a una mente depravada,** para que hicieran las cosas que no convienen. 29 Están llenos de toda injusticia, maldad, avaricia y malicia, llenos de envidia, homicidios, pleitos, engaños, y malignidad. Son chismosos, 30 detractores, aborrecedores de Dios, insolentes, soberbios, jactanciosos, inventores de lo malo, desobedientes a los padres, 31 sin entendimiento, indignos de* *confianza, sin amor, despiadados. 32 Ellos, **aunque conocen el decreto de Dios** que los que practican tales cosas son **dignos de muerte**, no solo las hacen, sino que también **dan su aprobación** a los que las practican.*

Para aquellos que continúan rechazando la luz y la revelación que Dios les ha dado, Dios los entrega a una mente depravada. Y a pesar de que saben que lo que hacen, los hace dignos de muerte, continúan y dan su aprobación a otros que hacen lo mismo. Esto revela la profundidad de su pecado.

Romanos Capítulo 2

Dios ha escrito sus leyes en el corazón de cada persona y les ha dado una conciencia que los convence y les revela lo correcto y lo incorrecto. Como resultado, cada persona sabe que ha hecho algo malo y que es pecaminoso:

Romanos 2:14–15: *Porque cuando los gentiles, que no tienen la ley, cumplen por instinto los dictados de la ley, ellos, no teniendo la ley, son una ley para sí mismos. 15 Porque **muestran la obra de la ley escrita en sus corazones**, su **conciencia dando testimonio, y sus pensamientos acusándolos unas veces y otras defendiéndolos**.*

Romanos Capítulo 3

Este capítulo destaca con un címbalo resonante que cada persona ha pecado y se declara culpable ante

Dios:

Romanos 3:9–20: *¿Entonces qué? ¿Somos nosotros mejores que ellos? ¡De ninguna manera! Porque ya hemos denunciado que tanto judíos como griegos están todos bajo pecado. 10 Como está escrito: **No hay justo, ni aun uno**; 11 No hay quien entienda, No hay quien busque a Dios. 12 Todos se han desviado, a una se hicieron inútiles; No hay quien haga lo bueno, No hay ni siquiera uno. 13 Sepulcro abierto es su garganta, Engañan de continuo con su lengua. Veneno de serpientes hay bajo sus labios; 14 Llena está su boca de maldición y amargura. 15 Sus pies son veloces para derramar sangre. 16 Destrucción y miseria hay en sus caminos, 17 Y la senda de paz no han conocido. 18 No hay temor de Dios delante de sus ojos. 19 Ahora bien, sabemos que cuanto dice la ley, **lo dice a los que están bajo la ley, para que toda boca se calle y todo el mundo sea hecho responsable ante Dios.** 20 Porque por las obras de la ley ningún ser humano será justificado delante de Él; pues por medio de la ley viene el conocimiento del pecado.*

Un Caso Fuerte Que Todos Somos Pecaminosos

Dios continúa construyendo el caso de que todos han pecado, por lo que no hay error acerca de nuestra condición como pecadores ante un Dios santo y justo:

Romanos 3:23: *Por cuanto **todos pecaron** y no alcanzan la gloria de Dios.*

Romanos 5:12: *Por tanto, tal como el pecado entró en el mundo por medio de un hombre, y por medio del pecado la* *muerte, así también la muerte se extendió a todos los hombres, **porque todos pecaron**.*

1 Juan 1:8-9: *Si decimos que **no tenemos pecado, nos engañamos a nosotros mismos y la verdad no está en nosotros**. 9 Si confesamos nuestros pecados, Él es fiel y justo para perdonarnos los pecados y para limpiarnos de toda.*

No debería haber ninguna duda de que Dios nos llamara a cuentas por nuestro pecado. Tenga en cuenta que no es lo que sentimos nosotros, lo que importa; sino lo que Dios dice de nosotros. No estamos en condiciones de ser jueces y jurados con respecto a nuestro estado ante Dios. Él es el juez, y solo importa lo que Él piensa y dice, y dice que todos somos pecadores y necesitamos un Salvador.

¿Cuál Es La Definición del Pecado?

¿Cómo describiría el pecado? ¿Qué es y cómo comenzó? S. Michael Houdmann ofrece una breve descripción del pecado, de qué se trata y cuándo comenzó:

"El pecado se describe en la Biblia como transgresión de la ley de Dios (1 Juan 3:4) y rebelión contra Dios (Deut. 9:7; Jos. 1:18). El pecado comenzó con Lucifer, probablemente el más bello y poderoso de los ángeles. No contento con su posición, deseaba ser más alto que Dios, y esa fue su caída, el comienzo del pecado (Isaías 14:12-15). Renombrado Satanás, trajo el pecado a la raza humana en el Jardín del Edén, donde tentó a Adán y Eva con la misma tentación, 'Serás como Dios.' Génesis 3 describe la rebelión de Adán y Eva contra Dios y contra su mandato. Desde entonces, el pecado se ha transmitido a través de todas las generaciones de la humanidad y nosotros, los descendientes de Adán, hemos heredado el pecado de él. Romanos 5:12 nos dice que a través de Adán el pecado entró en el mundo, por lo que la muerte pasó a todos los hombres porque '*La paga del pecado es muerte*' (Rom. 6:23)."[1]

En resumen, el pecado es convertirnos en el señor de nuestras vidas en lugar de Dios. Se establece en el trono de nuestras vidas y nos hace la máxima autoridad. Es rebelión contra Dios e ignorarlo como Señor. Es transgresión y desobediencia a las leyes de Dios de lo correcto y lo incorrecto, y es siguiendo nuestros propios caminos pecaminosos. No es tener una relación con Dios, amarlo y servirlo, sino amar y servir nuestros propios intereses, planes, y sueños.

¿Qué Es La Maldad, Dónde se Originó, y Cómo Llegó a Existir?

Esta pregunta ha sido tema de interminables discusiones y debates. Es una pregunta profunda y que

---

[1] Gotquestions.org, www.gotquestions.org/definition-sin.html, accessed 01/17/2020.

afecta la naturaleza de Dios. Algunos creen que Dios creó el mal y es su autor. Otros creen que el mal se originó con Satanás, se transmitió a Adán y Eva, y luego a toda la humanidad.

¿Qué crees sobre el mal? ¿Dios lo creó? ¿De dónde vino y qué es?

Creo que el mal es una realidad que existe como resultado de cualquier ser racional que posee un libre albedrío que elige el mal en lugar del bien. Dios no necesariamente creó el mal; es solo una realidad o un subproducto que existe como resultado de cualquier ser racional dotado de libre albedrío.

Cuando Dios decidió crear los ángeles y los humanos, tuvo que tomar una decisión. ¿Los crearía como títeres, sin el poder de elección, o los dotaría de libre albedrío como lo posee? Creo que Dios nos creó a todos con un libre albedrío real y genuino. Cuando un ser creado racional está dotado de elección, entonces la capacidad de elegir el mal es una opción. La única forma de eliminar esto sería eliminar el libre albedrío.

Este libre albedrío no afecta la soberanía de Dios de ninguna manera o forma. Dios conoce desde el principio hasta el final y toma en cuenta todas nuestras decisiones en su plan maestro para la creación.

Dios creó a Satanás y a todos los ángeles perfectos, pero muchos usaron su libre albedrío y se rebelaron contra Dios. Dios creó a Adán y Eva perfectos, pero usaron su libre albedrío y también eligieron el mal. Creo que Dios sabía que todos pecarían, pero no los hizo pecar, ni Él es el autor de su pecado. Por lo tanto, el mal está usando nuestro libre albedrío para pecar en lugar de obedecer a Dios.

¿Cuál Es El Peor Pecado Que Existe?

¿Son todos los pecados iguales? ¿Algunos pecados son peores que otros? Es cierto que todo pecado es pecado, y que el pecado más pequeño es suficiente para hacernos culpables y mantenernos alejados del cielo. Sin embargo, no todos los pecados son iguales. Esto se vuelve claro cuando miramos cómo Dios castigó diferentes pecados en el Antiguo Testamento. Algunos pecados requerían que el delincuente muriera por lapidación; otros pecados solo requieren que la persona culpable devuelva lo que fue robado o dañado. Por lo tanto, no todos los pecados son iguales. El asesinato es peor que robar, y el adulterio es peor que mentir. Una vez más, esto se ve en los juicios emitidos en cada caso.

Dicho esto, ¿cuál es el peor pecado que alguien podría cometer? ¿Es asesinato, adulterio, u otra cosa? Al contrario de lo que la mayoría respondería, el peor pecado es no tener una relación con Dios y amarlo con todo nuestro ser:

Mateo 22:34–40: *Los fariseos se agruparon al oír que Jesús había dejado callados a los saduceos. 35 Uno de ellos,* *intérprete de la ley experto en la ley de Moisés, para poner a prueba a Jesús, le preguntó: 36 Maestro, ¿cuál es el gran mandamiento de la ley? 37* **Y Él le contestó: Amarás al Señor tu Dios con todo tu corazón, y con toda tu alma, y con toda tu mente.** *38* **Este es el grande y primer mandamiento**. *39 Y el segundo es semejante a este: Amarás a tu prójimo como a ti mismo. 40 De estos dos mandamientos dependen toda la ley y los profetas.*

Entonces, si el mayor mandamiento es amar a Dios con todo nuestro ser, entonces el peor pecado es no hacerlo.

Esto es de vital importancia para entender. El mayor pecado de cualquier persona es rechazar a Dios y no amarlo. No es el asesinato, adulterio, robo, mentira, etc. Todos estos son pecados, pero no se comparan con la severidad de rechazar una relación con Dios y no amarlo.

Al compartir el evangelio, se debe enfatizar esta verdad. Muchas veces, las buenas personas pueden decir honestamente que no han asesinado, cometido adulterio, robado, etc. Pero este no es su mayor pecado. Su mayor pecado es no tener una relación con Dios y amarlo.

Conclusión

Después de compartir el fundamento del evangelio, que es la absoluta verdad de su amor para con nosotros, el resto del evangelio comienza con malas noticias. Debemos entender este punto claramente, las buenas nuevas (el evangelio) pierde su poder y efecto en la medida en que descuidemos y pasemos por alto las malas noticias, será al grado en que las buenas noticias pierden el propósito que Dios pretendía. De hecho, si no hay malas noticias, ¡entonces no hay buenas noticias!

Esta es una de las grandes debilidades en la iglesia y entre los cristianos de hoy. Generalmente nos centramos en las buenas noticias y pasamos por alto o descuidamos por completo las malas noticias. Esto hace que se comparta un evangelio parcial e incompleto. Como resultado, es posible que no se obtenga la salvación y, en cambio, una persona podría simplemente agregar a Jesús a su vida para arreglarla un poco, aliviar algunos problemas y ayudarla a vivir una vida más exitosa, pacífica y sin problemas.

Los estudios muestran que cuando las malas noticias del evangelio se descuidan u omiten, la tasa de quienes se alejan de Cristo se eleva. ¿Por qué pasa esto? Bueno, tal vez sea porque la gente solo ve a Cristo como un accesorio, no como un Señor. No ven ni entienden los problemas fundamentales de sus corazones pecaminosos y rebeldes. Su mentalidad sigue siendo egoísta, solo quiere bendiciones y felicidad de Dios, y descartan lo que no les gusta de sus mandamientos. No están dispuestos a hacer de Cristo el Señor de sus vidas y, en cambio, ellos siguen siendo el señor de sus vidas viviendo como les plazca.

En resumen, hemos perdido nuestra relación con Dios, nuestro Creador, y como resultado, tenemos un corazón pecaminoso. Por lo tanto, no deseamos agradar a Dios y somos egoístas y pecaminosos. Pisoteamos las leyes de Dios del bien y del mal, y elegimos nuestras propias leyes pecaminosas.

Nuevamente, nuestro mayor pecado es rechazar una relación con Dios y no amarlo como nuestro Padre y Creador. Si el mayor mandamiento es amar al Señor nuestro Dios con todo nuestro corazón, alma, mente y fuerza, entonces nuestro mayor pecado es no hacerlo.

Capítulo 4

¿Qué Es El Evangelio?

Malas Noticias ~ Parte 2

El Costo de Ser Un Pecador y Rechazar La Oferta de La Salvación de Dios a Través de Jesucristo

Las malas noticias continúan en esta parte del evangelio. El primer aspecto de las malas noticias es que todos somos culpables de pecado y estamos separados de Él. No tenemos una relación con Dios a través de Jesucristo y estamos perdidos en nuestros pecados. Somos los señores de nuestras vidas en lugar de Dios.

La segunda parte de las malas noticias trata de las consecuencias de nuestro pecado. Sin embargo, debo advertirte que esto es lo más difícil de creer y procesar tanto para cristianos como para no cristianos, ya que es extremadamente severo y aleccionador. De hecho, está más allá de nuestra capacidad de comprender.

¿Por qué es tan difícil compartir y hablar de esta parte del evangelio? Porque se trata de la existencia del infierno y de si es, o no, eterno.

La Pecaminosidad de Cada Persona

El pecado infectó a la raza humana en el Jardín del Edén poco después de la creación:

Génesis 2:15–17: *El Señor Dios tomó al hombre y lo puso en el huerto del Edén para que lo cultivara y lo cuidara. 16 Y el Señor Dios ordenó al hombre: De todo árbol del huerto podrás comer, 17 pero del árbol del conocimiento de la ciencia del bien y del mal no comerás, porque el día que de él comas, **ciertamente morirás.***

31

Cuando Dios habla de la muerte en relación con el pecado, normalmente se refiere tanto a la muerte espiritual en el presente como a la muerte eterna o separación de Dios en el infierno en el futuro.

Génesis 3:1–7: *La serpiente era más astuta que cualquiera de los animales del campo que el Señor Dios había hecho. Y dijo a la mujer: ¿Conque Dios les ha dicho: "No comerán de ningún árbol del huerto"? 2 La mujer respondió a la serpiente: Del fruto de los árboles del huerto podemos comer; 3 pero del fruto del árbol que está en medio del huerto, Dios ha dicho: "No comerán de él, ni lo tocarán, para que no mueran". 4 Y la serpiente dijo a la mujer: Ciertamente no morirán. 5 Pues Dios sabe que el día que de él coman, se les abrirán los ojos y ustedes serán como Dios, conociendo el bien y el mal. 6 Cuando la mujer vio que el árbol era bueno para comer, y que era agradable a los ojos, y que el árbol era deseable para alcanzar sabiduría, **tomó de su fruto y comió. También dio a su marido que estaba con ella, y él comió.** 7 Entonces fueron abiertos los ojos de ambos, y conocieron que estaban desnudos; y cosieron hojas de higuera y se hicieron delantales.*

En este punto de la historia, el pecado entró en la raza humana, y tanto la muerte espiritual como la física se pusieron en movimiento.

Tenga en cuenta que el primer resultado del pecado fue una relación rota con Dios. Dice que Adán y Eva se escondieron de Dios: *"Y oyeron al Señor Dios que se paseaba en el huerto al fresco del día. Entonces el hombre y* *su mujer **se escondieron de la presencia del Señor Dios** entre los árboles del huerto"* (Gen. 3:8).

Esto afirma la verdad de la que hablamos en el capítulo anterior de que el pecado más grande es una relación rota con Dios, no el asesinato, el adulterio, el robo, la mentira, etc.

Las Consecuencias del Pecado

Como resultado de la caída de Adán y Eva en el Jardín del Edén, la humanidad ahora ha perdido su relación con Dios, y la ley de la muerte física y espiritual se ha puesto en marcha. Esto ahora se aplica a todas las personas también. Si una persona no nace de nuevo y se reúne con Dios a través de la obra de Jesucristo en la Cruz, entonces la separación eterna de Dios en el infierno le espera.

Por lo tanto, el costo o el pago del pecado no es solo la muerte espiritual en esta vida, sino también, la muerte eterna en el infierno. En términos simples, el infierno es la separación de Dios, lo que significa separación de la vida, el amor, bondad, alegría, paz, las relaciones, el propósito, la esperanza, etc. Cuando una persona se niega a reunirse con su Creador a través de Jesucristo, en su lugar, eligen la separación de Él.

Esta separación, también conocida como infierno, es descrita en parte por Cristo:

Marcos 9:43–48: *Si tu mano te es ocasión de pecar, córtala; te es mejor entrar en la vida manco, que teniendo las* *dos manos **ir al infierno, al fuego que no se apaga**, 44 donde el gusano de ellos no muere, y **el fuego no se apaga**. 45 Y si tu pie te es ocasión de pecar, córtalo; te es mejor entrar cojo a la vida, que teniendo los dos pies ser **echado al infierno**, 46 donde el gusano de ellos no muere, y **el fuego no se apaga**. 47 Y si tu ojo te es ocasión de pecar, sácatelo; te es mejor entrar al reino de Dios con un solo ojo, que teniendo dos ojos ser **echado al infierno**, 48 donde el gusano de ellos no muere, y **el fuego no se apaga**. 49 Porque todos serán salados con **fuego**.*

Curiosamente, fue Jesús quien desarrolló y puso en primer plano la doctrina del infierno. De hecho, habló más del infierno que del cielo. Para Cristo, no hay duda de su existencia. Él lo describió repetidamente de muchas maneras para que no nos confundiéramos:

Mateo 13:49–50: *Así será en el fin del mundo; los ángeles saldrán, y sacarán a los malos de entre los justos, 50 y los arrojarán en **el horno de fuego; allí será el llanto y el crujir de dientes**.*

Apocalipsis 20:11–15: *Vi un gran trono blanco y a Aquel que estaba sentado en él, de cuya presencia huyeron la tierra y el cielo, y no se halló lugar para ellos. 12 También vi a los muertos, grandes y pequeños, de pie delante del trono, y los libros fueron abiertos. Otro libro fue abierto, que es el libro de la vida, y los muertos fueron juzgados por lo que estaba escrito en los libros, según sus obras. 13 El mar entregó los muertos que estaban en él, y la Muerte y el Hades [la región de los muertos] entregaron a los muertos que* *estaban en ellos. Y fueron juzgados, cada uno según sus obras. 14 La Muerte y el Hades fueron arrojados al **lago de fuego**. Esta es la muerte segunda: **el lago de fuego**. 15 Y el que no se encontraba inscrito en el libro de la vida fue arrojado al **lago de fuego**.*

Observe que la frase lago de fuego se menciona tres veces en este pasaje. Cada vez que Dios dice algo repetidamente, significa que quiere incrustar esa verdad profundamente en nuestros corazones y mentes.

¿Es El Infierno Un Lugar Real o Eterno?

¿Existe realmente el infierno, y si es así, es eterno? En toda la Escritura, no hay duda de su existencia. Se menciona repetidamente, y Jesús habló sobre eso más que nadie.

La palabra infierno se traduce de la palabra griega, *Gehena*, que era un lugar literal a las afueras de los muros del sudeste de Jerusalén. Era un vertedero de aguas residuales y desechos de la ciudad. Consistía en gusanos rastreros y gusanos de carne podrida de animales y desperdicios de comida, y los incendios ardían continuamente para destruir la basura y las impurezas. Por lo tanto, Gehena fue utilizada como un símbolo del infierno. Se menciona 12 veces en el Nuevo Testamento, con Jesús usándolo 11 veces.

Además del ejemplo de Gehena, también se usan muchos otros términos para describir el infierno:

- Es un lago de fuego ardiente de azufre que nunca termina (Mateo 25:46; Marcos 9:43–48; Apocalipsis 20:14, 21:8).

- Es la destrucción eterna lejos de la presencia de Dios (2 Tes. 1:9).

- Es un lugar de llanto y crujir de dientes (Mateo 13:50).

- Es donde Satanás y los demonios sufrirán por toda la eternidad (Mateo 25:41; Apocalipsis 20:14).

- Es una prisión eterna de oscuridad (2 Pedro 2:4).

- Es donde el gusano nunca muere (Marcos 9:48).

- Es donde el fuego nunca se apaga (Marcos 9:48).

- Es un horno en llamas (Mateo 13:42).

- Es donde todos serán salados con fuego (Marcos 9:50).

- Es un lugar de absoluta oscuridad (Judas 1:13).

La existencia eterna del infierno como un lugar verdadero donde Satanás, los demonios, y los no salvos pasarán la eternidad ha sido la creencia ortodoxa del cristianismo desde la época de Cristo. También es la opinión mayoritaria de hoy.

Sin embargo, prácticamente todas las religiones falsas, e incluso algunos cristianos, no creen que exista el infierno.

También hay algunos que creen que existe el infierno, y que es un lugar eterno donde Satanás y los demonios sufrirán por toda la eternidad, pero que los humanos allí no sufrirán por la eternidad, sino que serán aniquilados en algún momento. Su creencia se llama Aniquilacionismo. Lo veremos con más detalle en la siguiente sección.

Por ahora, solo veremos si el infierno es eterno o no. Considere los siguientes versículos que hablan sobre la naturaleza eterna del infierno:

Apocalipsis 20:10: *Y el diablo que los engañaba fue arrojado al* **lago de fuego** *y azufre, donde también están la bestia y el falso profeta. Y serán* **atormentados día y noche por los siglos de los siglos.**

No solo se arroja al diablo al lago de fuego, sino también a los no salvos cuyos nombres no están escritos en el Libro de la Vida:

Apocalipsis 21:8: *Pero los cobardes, incrédulos, abominables, asesinos, inmorales, hechiceros, idólatras, y todos los mentirosos tendrán su herencia en el* **lago que arde con fuego y azufre**, *que es la* **muerte segunda.**

Mateo 25:31–33: *Pero cuando el Hijo del Hombre venga en Su gloria, y todos los ángeles con Él, entonces Él se sentará en el trono de Su gloria; 32 y serán reunidas delante de Él todas las naciones; y separará a unos de otros, como el pastor separa las ovejas de los cabritos. 33 Y pondrá las ovejas a Su derecha y los cabritos a la izquierda.*

Unos versos más adelante, Cristo revela lo que sucederá con las cabras a su izquierda:

Mateo 25:41: *Entonces dirá también a los de Su izquierda: "Apártense de Mí, malditos, al fuego eterno que ha sido preparado para el diablo y sus ángeles."*

Luego, Cristo habla sobre la naturaleza eterna de cada lugar donde irán las ovejas (creyentes) y las cabras (no salvos):

Mateo 25:46: *Estos irán al castigo eterno, pero los justos a **la vida eterna.***

Ahora tenga en cuenta que la misma palabra eterna se usa para describir tanto el infierno como el cielo (también es la misma palabra en griego).

Hoy hay algunos que no creen que el infierno sea eterno. El problema con este punto de vista es que también hace que el cielo sea temporal o no eterno. No conozco a ningún erudito o teólogo acreditado que crea que el cielo no es eterno. Sin embargo, un número creciente de personas cree que el infierno no es eterno. Esto propone un gran problema con la doctrina del cielo y su naturaleza eterna.

¿Los Humanos Serán Destruidos En El Infierno, o Existirán Allí Para Siempre?

Algunos hoy reconocen que el infierno existe, pero que la mayoría de los humanos que están allí, si no todos, serán destruidos en algún momento y dejarán de existir. Su creencia se llama Aniquilacionismo. Algunos cristianos evangélicos sostienen este punto de vista, pero son minoría.

También hay algunos que creen que después de sufrir en el infierno por un período de tiempo, todos los humanos allí serán salvados e irán al cielo. Su creencia se llama Universalismo. Muy pocos cristianos evangélicos sostienen este punto de vista.

En esta sección, discutiremos la creencia del Aniquilacionismo, ya que es más común entre los cristianos, e intentaremos entender si es cierto o no.

Hay tres familias principales de versos que respaldan esta opinión. Estos versículos contienen las palabras o frases: (1) destrucción eterna, (2) destruyen el alma y el cuerpo en el infierno, y (3) perecen.

Debido a que este libro no es un tratado completo sobre la doctrina del infierno, solo veremos un versículo de cada familia:

2 Tesalonicenses 1:9: *Estos sufrirán el castigo de eterna destrucción, excluidos de la presencia del Señor y de la gloria de Su poder.*

Debido a que este versículo contiene la frase *"destrucción eterna,"* algunos creen que los humanos que están en el infierno serán destruidos en algún momento y dejarán de existir. Sin embargo, la palabra *eterna* está unida a la *destrucción*, así que creo que la palabra *destrucción* no significa aniquilación, sino un estado de muerte y sufrimiento eterno.

El segundo verso usa la palabra perecer, que es una forma de la palabra destrucción:

Mateo 10:28: *No teman a los que matan el cuerpo, pero no pueden matar el alma; más bien teman a Aquel que puede hacer perecer tanto el alma como el cuerpo en el infierno.*

Debido a que la palabra *perecer* se usa en este versículo, algunos creen que los humanos en el infierno serán aniquilados en algún momento.

El tercer verso usa la palabra *pierda*. Por lo tanto, se cree, como los otros versículos anteriores, que los humanos en el infierno dejarán de existir en algún momento:

Juan 3:16: *Porque de tal manera amó Dios al mundo, que dio a Su Hijo unigénito, para que todo aquel que cree en Él, no se pierda, sino que tenga vida eterna.*

Basado en este tipo de versos, algunos creen en el Aniquilacionismo.

Parte de su creencia también reside en lo que llaman, "El argumento moral." Piensan que Dios no debería castigar a una persona por toda la eternidad por su corto tiempo de pecado mientras estaban en la tierra. En otras palabras, el castigo no se ajusta al crimen.

Ahora debo confesar que la idea de que alguien sufra por la eternidad en el infierno parece bastante severa, y mi preferencia personal sería que aquellos en el infierno dejarían de existir en algún momento, pero esa es solo mi preferencia, no lo que es la realidad. No obstante, creo que debemos someter nuestro razonamiento y justicia a las manos de Dios y lo que dice la Escritura, no nuestras propias preferencias humanas.

Ahora, por el bien de la discusión, digamos que es cierto que el infierno no es eterno para los humanos, y que en algún momento esos serán destruidos y dejarán de existir. Incluso si este fuera el caso, sufrirían horriblemente por un período de tiempo, y luego serían destruidos y perderían la gloria de lo que podrían haber tenido en el cielo. Este escenario sigue siendo drástico, doloroso, y triste.

Dicho esto, sigo creyendo que, si miramos todo el cuerpo de la enseñanza sobre el infierno, los versos que hablan de eso como eternos son abrumadores, por lo que debo concluir que las palabras *destruir* y *perecer* significan lo mismo que la destrucción eterna. Por lo tanto, creo que la destrucción eterna es eso, eterna. No es la destrucción lo que resulta en la aniquilación, sino un estado de destrucción o muerte descrito como eterno.

También creo que las palabras *destrucción*, *destruir*, y *perecer* se refieren a una vida desperdiciada que perdió el cielo y toda su gloria a cambio del infierno. Por lo tanto, los términos hablan de una oportunidad perdida y muerte eterna, no aniquilación.

Como se mencionó anteriormente, la misma palabra eterna se usa para describir el infierno y el cielo:

Mateo 25:46: *Estos irán al **castigo eterno**, pero los justos a la **vida eterna**.*

Para aquellos que no creen que el infierno es eterno, se ven obligados a reconocer que el cielo tampoco es eterno porque la misma palabra eterno se usa para describir ambos lugares. Esto presenta un problema teológico importante que se clasificaría como herejía.

Además, cuando hablaba de aquellos en el infierno, Cristo usaba repetidamente las frases: *"**Fuego insaciable**, donde su **gusano no muere** y el **fuego no se apaga**"* (Marcos 9:43–44). Estas frases parecen bastante claras de que el infierno no termina o que los que están allí son destruidos en algún momento. Además, hay muchos otros versículos que describen el infierno como eterno.

Curiosamente, la mayoría no tiene ningún problema con Satanás y los demonios que sufran en el infierno por la eternidad, pero algunos lo tienen por los humanos. Sin embargo, las Escrituras dicen que los no salvos son arrojados al mismo lago eterno de fuego que Satanás y los demonios: *"Entonces dirá también a los de Su izquierda," Apártense de Mí, malditos, **al fuego eterno que ha sido preparado para el diablo y sus ángeles*** (Mat. 25:41).

Ahora, independientemente de lo que crea acerca de

si el infierno es eterno o no, o cuánto tiempo una persona podría sufrir allí antes de que dejen de existir, estoy seguro de que todos podemos estar de acuerdo en que lo que dice Cristo y los autores del Nuevo Testamento no es positivo. Sería un lugar que quisiera evitar a toda costa. También es un lugar en el que no quisiera apostar mi alma con respecto a su existencia o naturaleza eterna. ¡Las consecuencias son demasiado grandes para el error!

Basado en el cuerpo completo de enseñanza sobre la naturaleza eterna del infierno, creo que está claro que el infierno es eterno, y los que están en el infierno vivirán allí para siempre. Es una realidad sobria, pero creo en lo que la Escritura enseña.

¿Si No Hay Infierno, Entonces Salvación de Que?

Para aquellos que no creen en el infierno, la gran pregunta teológica que debe responderse es, "¿Salvación de qué?" ¿De qué nos salvamos? ¿Somos salvos de nuestros problemas, decisiones equivocadas, infelicidad, sufrimiento, etc.? ¿Acabamos de salvarnos de la aniquilación para dejar de existir en algún momento? ¿O sufrimos un poco en el infierno y luego todos somos salvos después de un determinado momento en el que Dios siente que hemos pagado el precio suficiente?

Para aquellos que no creen en el infierno, o su naturaleza eterna, tienen la pesada carga de responder estas preguntas, y si se responden mal, ¡las consecuencias eternas están en juego!

Si No Hay Infierno, ¿Por Qué Murió Jesús En La Cruz?

Si no hay infierno, entonces la muerte de Cristo en la Cruz disminuye, y el evangelio se vuelve prácticamente irrelevante. También, sería una bofetada horrible en el rostro de Jesús, ya que sufrió terriblemente por nuestros pecados para que podamos ser salvos. Toma todo el sufrimiento que Cristo soportó, tanto física como espiritualmente, y lo reduce a cenizas.

Para aquellos que niegan el infierno, afirmarían que el propósito del sacrificio de Cristo en la Cruz era revelar el amor de Dios y ser un buen ejemplo para seguir. Estos puntos de vista contienen una cierta cantidad de verdad, pero creo que carecen drásticamente del verdadero propósito por el cual Cristo murió en la Cruz.

Ahora, aunque la doctrina del infierno parece dura y difícil, no depende de nosotros usar nuestra lógica humana para juzgar su existencia. Es una doctrina que Cristo y los autores del Nuevo Testamento mencionan repetidamente, por lo que nuestro trabajo es creerlo, no erradicar su existencia porque no nos gusta, o parece demasiado duro para nuestra comprensión.

Muchas personas hoy dicen con razón que

deberíamos ser más como Jesús. Bueno, amablemente dicho, esto no solo incluye creer y hablar sobre las verdades agradables y positivas de las Escrituras, sino también las difíciles. Sin embargo, la mayoría de las personas y las iglesias de hoy no son como Jesús. Raramente o nunca hablan sobre los juicios de Dios y la realidad del infierno.

¿Envía Dios Personas al Infierno?

Alguien ha dicho que Dios no envía a nadie al infierno, pero eligen ir allí por su propia voluntad. El infierno es simplemente la ausencia de Dios y todas sus bendiciones. Cuando una persona no quiere tener nada que ver con Dios, entonces Dios les permite ir a donde se separará de Él y de Sus bendiciones. El siguiente versículo aclara cómo el infierno es la separación de Dios:

2 Tesalonicenses 1:6–9: *Porque después de todo, es justo delante de Dios que Él pague con aflicción a quienes los afligen a ustedes. 7 Pero que Él les dé alivio a ustedes que son afligidos, y también a nosotros, cuando el Señor Jesús sea revelado desde el cielo con Sus poderosos ángeles en llama de fuego, 8 dando castigo a los que no conocen a Dios, y a los que **no obedecen al evangelio de nuestro Señor Jesús**. 9 Estos sufrirán el castigo de **eterna destrucción, excluidos de la presencia del Señor y de la gloria de Su poder**.*

Para aquellos que no desean una relación con Dios, entonces el infierno es su única otra opción. Eligen la

45

ausencia de Dios, y el infierno es su lugar de elección. Dios está dispuesto a que ninguno perezca, sino que todos se salven y pasen la eternidad con Él en el cielo:

2 Pedro 3:9: *El Señor no se tarda en cumplir Su promesa, según algunos entienden la tardanza, sino que es paciente para con ustedes, **no queriendo que nadie perezca, sino que todos vengan al arrepentimiento.***

Sin embargo, si una persona rechaza a Dios y su oferta de salvación, entonces nuevamente, la separación de Dios en el infierno es su lugar de elección. Dios no quiere que vayan allí, pero les concede su deseo de separarse de Él y, por lo tanto, ellos son los que eligen el infierno en lugar de la presencia de Dios en el cielo.

El Miedo al Juicio y al Corazón Humano

Echamos un vistazo a cómo Dios hizo el corazón humano al notar la forma en que usa el miedo al juicio al tratar con la humanidad.

Cuando los hijos de Israel entraron a la Tierra Prometida, se reunieron en Siquem para renovar su pacto con el Señor (Deut. 27, 28). La mitad de las tribus de Israel se pararon en el monte Gerizim y pronunciaron bendiciones por obediencia a los mandamientos de Dios (Deut. 28:1–14), y la otra mitad se paró en el monte Ebal para pronunciar maldiciones por desobediencia a los mandamientos de Dios (Deut. 28:15–68).

La tribu de Leví tenía un papel aparte en que pronunciaba maldiciones por desobediencia, sin mencionar ninguna bendición (Deut. 27:9–26).

En total, Dios habló 65 versículos (83%) que trataban con maldiciones por desobediencia y 14 versículos (17%) que trataban con bendiciones por obediencia. Además, otro relato de bendiciones y maldiciones para la nación de Israel se encuentra en Levítico 26, y muestra los mismos porcentajes generales. Esta diferencia significativa entre bendiciones y maldiciones debería causar reflexión. ¿Por qué Dios estaría tan desequilibrado en la atención dada a las maldiciones sobre las bendiciones? También siguió este mismo patrón en todo el Antiguo Testamento.

A demás vemos un patrón similar en la vida de Cristo. Él habló abrumadoramente más sobre el infierno que el cielo, y los juicios de Dios fueron un tema continuo en su predicación. De hecho, Cristo es la voz principal sobre el tema del infierno y habló de él más que cualquier otra figura del Nuevo Testamento.

¿Qué nos enseñan los temas de maldiciones y bendiciones que se encuentran en Levítico y Deuteronomio, y el fuerte enfoque en el juicio y el infierno en la predicación de Cristo acerca del corazón humano? Parece indicar que Dios crea el corazón humano de tal manera que responde mejor al miedo al juicio que a la recompensa de las bendiciones. No significa que las bendiciones no tengan un impacto, ya que Dios se refirió a ellas con frecuencia, pero el juicio sobresalta el corazón y hace que se note.

Hablando de Los Juicios de Dios

Dios nos hizo y sabe que respondemos mejor al juicio que a las bendiciones. Podemos tomar o dejar bendiciones, pero no podemos tomar o dejar juicio por desobediencia. En otras palabras, las bendiciones son opcionales, pero el juicio no lo es.

Si no hablamos de los juicios de Dios al compartir el evangelio, las personas solo pueden optar por obedecer a Dios si creen que sus bendiciones valen la pena. Si no piensan que valen la pena, no los tomarán en serio ya que no tendrán miedo de ser juzgados. En otras palabras, si se elimina el juicio de la mesa y las bendiciones son la única opción a elegir, entonces las personas simplemente decidirán si las bendiciones valen la pena o no. Si deciden que las bendiciones no valen la pena, entonces en sus mentes, no tendrán nada que perder, excepto las bendiciones, ya que de lo contrario no habrá consecuencias.

Sin embargo, cuando el juicio se incorpora a la ecuación y se pone sobre la mesa, la gente se da cuenta de que su mal comportamiento incurrirá en el juicio de Dios. Por ejemplo, un niño puede optar por aceptar o dejar una recompensa por el buen comportamiento, pero no puede elegir si será disciplinado o no por el mal comportamiento.

Al comunicar claramente la realidad de los juicios de Dios, tanto los no salvos como los salvos enfrentarán ciertas consecuencias: (1) para los no creyentes, tendrán que decidir si quieren o no pagar el precio eterno del sufrimiento en el infierno por rechazar a Cristo, (2) para el creyente que vive en pecado y se niega a arrepentirse, tendrá que decidir si vale la pena desobedecer a Dios e incurrir Su disciplina en sus vidas, la pérdida de la comunión con Él, y la pérdida de recompensas eternas.

Debido a que parece claro que el corazón humano responde mejor al juicio que a las bendiciones, es imperativo que incluyamos los juicios de Dios al comunicar las Escrituras y el Evangelio a los demás.

El Costo de Ocultar Los Juicios de Dios

El evitar la enseñanza de los juicios de Dios afecta el mensaje de salvación. Hoy, en un intento por eliminar la negatividad de la atmósfera de la iglesia, muchas llamadas de salvación evangelística suavizan o pasan por alto la pecaminosidad de la humanidad, las consecuencias del pecado, el juicio, y el infierno. Se centran principalmente en el amor de Dios y sus bendiciones. Esta es también la tendencia entre las personas que comparten su fe.

Un evangelio que omite la pecaminosidad de la

humanidad y los juicios de Dios es incompleto. No aclara la realidad del juicio venidero y las consecuencias del pecado. Es como ocultarle la verdad a un paciente con cáncer de que está enfermo y que morirá sin tratamiento.

Ocultar la verdad sobre el juicio presenta un evangelio que considera que el juicio de Dios es inexistente o que no es tan importante. Es un evangelio muy diferente al que predicaron Cristo y los apóstoles. De hecho, es un evangelio falso.

Consecuencias Por Descuidar Los juicios de Dios

Si se descuida el tema del juicio y el infierno al compartir el evangelio, entonces puede haber graves consecuencias. Además, si hay un enfoque desequilibrado en el amor y la gracia de Dios, y poco en el juicio y la justicia de Dios, entonces podemos causar un gran engaño y destrucción en la vida de muchos.

Si llevamos a los no salvos a creer que básicamente no hay consecuencias por rechazar a Dios, entonces habremos participado en el mayor engaño de todos los tiempos, y nuestra omisión de la verdad puede resultar en su condenación eterna.

Creo que, si dejamos de lado las verdades duras de las Escrituras, le rendiremos cuentas a Dios por hacerlo:

Santiago 3:1: *Hermanos míos, que no se hagan maestros muchos de ustedes,* **sabiendo que recibiremos un juicio más severo.**

Si dejamos a un lado la pecaminosidad de la humanidad y el juicio del infierno, entonces podemos promover un evangelio falso que aliente a los no creyentes a continuar en su pecado y, como resultado, puede enviarlos al infierno. El descuido del juicio de Dios puede hacer que otros crean que realmente no importa cómo vivan sus vidas porque el amor y la gracia de Dios eliminarán todas las consecuencias de su desobediencia a Él. Promover esta mentalidad no es amor, sino engaño.

El Miedo del Señor Aplicado al No Creyente

Para el no creyente, debe haber un expectante horror, terror, temblor, y temor ante Dios por el juicio y la ira que les espera. La realidad de pasar la eternidad en el infierno debería sacudirlos hasta el fondo. También debería sacudirnos.

Para aquellos que pisotean el sacrificio de Cristo y le dan la espalda a Él y a Su salvación, deben estremecerse y temblar ante Dios Todopoderoso:

Hebreos 10:26–31: *Porque si continuamos pecando deliberadamente después de haber recibido el conocimiento de la verdad, ya no queda sacrificio alguno por los pecados,* **27** *sino cierta horrenda expectación de juicio, y la furia de un fuego que ha de consumir a los adversarios.* **28**

Cualquiera que viola la ley de Moisés muere sin misericordia por el testimonio de dos o tres testigos. 29 ¿Cuánto mayor castigo piensan ustedes que merecerá el que ha pisoteado bajo sus pies al Hijo de Dios, y ha tenido por inmunda la sangre del pacto por la cual fue santificado, y ha ultrajado al Espíritu de gracia? 30 Pues conocemos a Aquel que dijo: Mía es la venganza, Yo pagaré. Y otra vez: El Señor juzgará a Su pueblo. 31 ¡Horrenda cosa es caer en las manos del Dios vivo!

Por lo tanto, para el no creyente que rechaza la oferta de salvación de Cristo, debe haber un expectante horror, terror, temblor ante Dios por el juicio y la ira que le espera.

Sin embargo, si ocultamos esta verdad a los no salvos, los estamos engañando y posiblemente los estamos llevando a la condenación eterna. Nuestra responsabilidad es traer luz a la verdad para que los no salvos puedan ver la realidad de lo que les espera, no esconderla de ellos.

¿Cómo Se Ve El Juicio de Dios Hoy?

Muchos cristianos e iglesias de hoy tienen un fuerte enfoque en el amor de Dios y un enfoque débil o prácticamente inexistente en los juicios de Dios. Pregúntese si recientemente escuchó un mensaje completo dedicado al tema del infierno o los juicios de Dios. Entonces pregúntese si recientemente escuchó un mensaje sobre el amor de Dios.

Si eres como la mayoría, los mensajes que has escuchado sobre el amor de Dios versus los mensajes sobre los juicios de Dios y el infierno son extremadamente desproporcionados. Nuestro enfoque hoy está en el amor y la gracia de Dios. Los juicios de Dios son impopulares y se ven negativamente, mientras que el amor y la gracia se consideran mucho más atractivos y positivos. Por esta razón, muchos descuidan u omiten los juicios de Dios.

Una vez más, al analizar el mensaje de Cristo en los Evangelios, vemos que habló mucho más sobre los juicios de Dios y el infierno que sobre el cielo. Hizo exactamente lo contrario de lo que la mayoría hace hoy.

Ahora para aclarar, Dios es amor, y su amor es una verdad general de las Escrituras, pero Dios también es un Dios justo y castigará a aquellos que rechacen su amor. Centrarse solo en su amor y omitir su justicia no es un tratamiento equilibrado de las Escrituras:

Números 14:18: *El Señor es lento para la ira y* *abundante en misericordia*, *y perdona la iniquidad y la transgresión;* ***pero de ninguna manera tendrá por inocente al culpable****; sino que castigará la iniquidad de los padres sobre los hijos hasta la tercera y la cuarta generación.*

Conclusión

El precio por rechazar una relación con Dios a través de Jesucristo es aleccionador. Dios ama a cada persona más de lo que podemos entender y ha hecho todo lo posible para salvarnos. Sin embargo, para aquellos que rechazan la oferta de la salvación de Cristo, eligen separarse de Él no solo en esta vida sino por toda la eternidad en el infierno.

Por lo que hemos visto en este capítulo sobre las consecuencias del pecado y la realidad del infierno, queda claro que de hecho hay un lugar llamado infierno para aquellos que rechazan una relación con su Creador, se rebelan contra Él, y eligen ser sus propios dioses. Para aquellos que rechazan el evangelio y pisotean el sacrificio de Cristo, serán arrojados al infierno y sufrirán un tormento consciente eterno por toda la eternidad.

Reconozco plenamente que la realidad del infierno es severa y profundamente aleccionadora. Sin embargo, mi deseo es ser honesto con las Escrituras y dejar que Dios diga lo que pretende decir, no cambiar las Escrituras para que se ajuste a lo que mi lógica y sentimientos humanos consideren mejor.

Por último, si queremos ser como Jesús, debemos hablar sobre los juicios de Dios al compartir el evangelio.

Capítulo 5

¿Qué Es El Evangelio?

Las Buenas Noticias

Las Buenas Noticias Brillan

Dios nos ama tanto que vino a la tierra como Jesucristo, murió en la cruz y sufrió por nuestros pecados. No hay mayor expresión de amor que este.

Sin embargo, las buenas noticias solo brillarán si hemos comunicado claramente las malas noticias. Si descuidamos compartir las malas noticias, entonces las buenas noticias disminuyen y se devalúan. En otras palabras, en la medida en que demos a conocer las malas noticias será el grado en que las buenas noticias brillarán. Si descuidamos u omitimos las malas noticias, entonces las buenas noticias pierdan drásticamente su valor.

Debemos hablar sobre el amor de Dios de una manera fundamental para compartir el evangelio, pero nuevamente, debemos incluir el juicio de Dios para aquellos que rechazan Su amor y Su oferta de Salvación.

Las Buenas Noticias Implican El Perdón del Pecado y Sus Consecuencias

El concepto fundamental de las buenas nuevas es que Cristo ha pagado completamente el precio de nuestro pecado a través de Su muerte, sepultura, y resurrección. Por lo tanto, podemos estar bien ante Dios, no basados en nuestros propios esfuerzos humanos, sino en lo que Cristo ha hecho por nosotros

Capítulo 5: ¿Qué Es El Evangelio? Las Buenas Noticias en la Cruz.

Ya no tenemos que vivir con culpa y vergüenza porque, en Cristo, tenemos perdón y paz con Dios:

1 Corintios 15:1–5: *Ahora les hago saber, hermanos, **el evangelio que les prediqué o anuncié**, el cual también ustedes recibieron, en el cual también están firmes, 2 por el cual también son salvos, si retienen la palabra que les prediqué, a no ser que hayan creído en vano. 3 Porque yo les entregué en primer lugar lo mismo que recibí: que **Cristo murió por nuestros pecados**, conforme a las Escrituras; 4 que **fue sepultado** y que **resucitó** al tercer día, conforme a las Escrituras; 5 que se apareció a Cefas y después a los doce.*

En el Antiguo Testamento, encontramos uno de los pasajes más claros sobre lo que Cristo padeció y sufrió para pagar la pena por nuestros pecados:

Isaías 53:4–6: *Ciertamente **Él llevó** nuestras enfermedades, y **cargó con nuestros dolores**. Con todo, nosotros lo tuvimos por azotado, por herido de Dios y afligido. 5 Pero Él fue **herido por nuestras transgresiones, molido por nuestras iniquidades**. El castigo, por nuestra paz, cayó sobre Él, **y por Sus heridas hemos sido sanados**. 6 Todos nosotros nos descarriamos como ovejas, nos apartamos cada cual por su camino; pero **el Señor hizo que cayera sobre Él la iniquidad de todos nosotros**.*

En el Nuevo Testamento, vemos numerosos versículos que hablan del sacrificio de Cristo por nuestros pecados en la Cruz. Encontramos que, a través de la desobediencia y la transgresión de Adán y Eva, el pecado vino a toda la humanidad. Sin embargo, a través de la obediencia de reconocer la vida y aceptar la muerte de Cristo en la Cruz, la salvación llega a todos:

Romanos 5:18–19: *Así pues, tal como por una transgresión resultó la condenación de todos los hombres, así también por un acto de justicia resultó la **justificación de vida para todos los hombres**. 19 Porque, así como por la desobediencia de un hombre los muchos fueron constituidos pecadores, así también por la obediencia de Uno los **muchos serán constituidos justos**.*

Romanos 5:6–9: *Porque mientras aún éramos débiles, a su tiempo **Cristo murió por los impíos**. 7 Porque difícilmente habrá alguien que muera por un justo, aunque tal vez alguno se atreva a morir por el bueno. 8 Pero Dios demuestra **su amor para con nosotros**, en que, siendo aún pecadores, Cristo murió por nosotros. 9 Entonces mucho más, habiendo sido ahora **justificados por Su sangre**, seremos salvos de la ira de Dios por medio de Él.*

El precio del pecado y el rechazo de Dios trae la muerte, no solo en esta vida, sino también la muerte eterna. Sin embargo, el regalo gratuito de Dios es la vida eterna en Jesucristo. Esta es ciertamente una buena noticia:

Romanos 6:23: *Porque la paga del pecado es muerte, pero la dádiva de Dios es **vida eterna en Cristo Jesús Señor nuestro**.*

En Cristo, ahora no hay condenación alguna para aquellos que están en Cristo Jesús:

Romanos 8:1–4: *Por tanto, ahora **no hay condenación para los que están en Cristo Jesús**, los que no andan conforme a la carne sino conforme al Espíritu. 2 Porque la ley del Espíritu de vida en Cristo te ha libertado de la ley del pecado y de la muerte. 3 Pues lo que la ley no pudo hacer, ya que era débil por causa de la carne, Dios lo hizo: enviando a Su propio Hijo en semejanza de carne de pecado y **como ofrenda por el pecado**, condenó al pecado en la carne, 4 para que el requisito de la ley se cumpliera en nosotros, que no andamos conforme a la carne, sino conforme al Espíritu.*

En resumen, las buenas noticias implican el perdón de los pecados, la culpa, y vergüenza a través del sacrificio de Jesucristo en la Cruz. Nuestros pecados son completamente perdonados y eliminados. Esto significa todos los pecados que hemos cometido y que cometeremos. Todos son pagados por Cristo y separados de nosotros tan lejos como el este del oeste. ¡Esta es ciertamente una buena noticia!

Salmo 103:12: *Como está de lejos **el oriente del occidente**, así alejó de **nosotros nuestras transgresiones**.*

Las Buenas Noticias Implican La Vida Eterna

No solo somos perdonados de nuestros pecados y tenemos la eliminación de la culpa y la vergüenza en nuestras vidas, sino que también recibimos la vida eterna. Vida que nunca terminará, vida en el paraíso con un Dios perfecto, con personas perfectas, en un ambiente perfecto, con una mente perfecta, emociones perfectas, y un cuerpo eterno y perfecto que nunca se cansará, nunca envejecerá, y nunca enfermará. Será la dicha eterna por los siglos de los siglos. ¡Asombroso, esas son buenas noticias!

Romanos 6:23: *Porque la paga del pecado es muerte, pero la dádiva de Dios es **vida eterna** en Cristo Jesús Señor nuestro.*

Juan 3:16–17: *Porque de tal manera **amó Dios al mundo**, que dio a Su Hijo unigénito, para que todo aquel que cree en Él, no se pierda, sino que tenga **vida eterna**. 17 Porque Dios no envió a Su Hijo al mundo para juzgar al mundo, sino para que el mundo sea salvo por Él.*

Las Buenas Noticias Restauran El Paraíso

A través de las buenas noticias de lo que Jesucristo hizo por nosotros en la Cruz, lo que se perdió en el Jardín del Edén ahora puede ser restaurado. La relación de Adán y Eva con Dios, que alguna vez fue íntima y personal, ahora se nos puede restaurar a través de Jesucristo.

Ahora podemos tener comunión y relación con el Dios vivo. Él viene a vivir dentro de nosotros y se convierte en nuestro Padre, Ayudante, Alentador, Sustentador, y Proveedor. Dios nos cuida, nos guía, dirige nuestros pasos, nos sostiene, nos ama, y nos bendice con todas las bendiciones espirituales en los lugares celestiales:

Efesios 1:3–8: *Bendito sea el Dios y Padre de nuestro Señor Jesucristo,* **que nos ha bendecido con toda bendición espiritual en los lugares celestiales en Cristo***. 4 Porque Dios nos escogió en Cristo antes de la fundación del mundo, para que fuéramos santos y sin mancha delante de Él. En amor 5 nos predestinó para* **adopción como hijos** *para sí mediante Jesucristo, conforme a la buena intención de Su voluntad, 6 para alabanza de la gloria de Su gracia que gratuitamente ha impartido sobre nosotros en el Amado. 7 En Él tenemos* **redención** *mediante Su sangre, el* **perdón de nuestros pecados** *según las* **riquezas de Su gracia** *8 que ha hecho abundar para con nosotros. En toda sabiduría y discernimiento.*

Las Buenas Noticias Implican Nacer de Nuevo

Aquellos que reciben a Cristo como su Señor y Salvador son llamados "Nacidos de Nuevo" en la Biblia. Se convierten en una nueva persona con nuevos deseos, propósitos, planes, y una relación con Dios.

Cristo dijo que a menos que una persona nazca de nuevo, no puede entrar al Reino de los Cielos: *"Jesús le contestó: En verdad te digo que el que no* **nace de nuevo** *no puede ver el reino de Dios"* (Juan 3:3).

Qué esperanza debería ser esto para los no creyentes. Creo que a menudo pasamos por alto la realidad de que los no salvos están vacíos, secos, sin propósito, significado, perdidos, y culpables. Debemos enfatizar las buenas noticias de lo que implica nacer de nuevo. No solo nos salva para la eternidad en el cielo, sino que también cumple el propósito y los planes de Dios para nosotros en esta vida. Nacer de nuevo significa que somos personas nuevas, somos diferentes, una nueva creación de Dios, y estamos llenos de un nuevo propósito y dirección.

Las Buenas Noticias Implican Ser Una Nueva Criatura

Las personas bien intencionadas a menudo dicen que los cristianos no son perfectos, solo perdonados. O, los cristianos son pecadores como los no salvos, pero solo perdonados. Permítanme decir que los salvos somos mucho más que solo perdonados. Somos una nueva creación en Cristo, y tenemos una nueva naturaleza, y un nuevo corazón:

2 Corintios 5:17–18: *De modo que si alguno está en Cristo, **nueva criatura es**; las cosas viejas pasaron, **ahora han sido hechas nuevas**. 18 Y todo esto procede de Dios, quien nos reconcilió con Él mismo por medio de Cristo, y nos dio el ministerio de la reconciliación.*

Colosenses 3:9–12: *Dejen de mentirse los unos a los otros, puesto que **han desechado al viejo hombre** con sus malos hábitos, 10 y se **han vestido del nuevo hombre**, el cual se va renovando hacia un verdadero conocimiento, conforme a la imagen de Aquel que lo creó. 11 En esta renovación no hay distinción entre griego y judío, circunciso* *e incircunciso, bárbaro, Escita, esclavo o libre, sino que Cristo es todo, y en todos. 12 Entonces, ustedes como escogidos de Dios, santos y amados, revístanse de tierna compasión, bondad, humildad, mansedumbre y paciencia.*

Romanos 6:4: *Por tanto, hemos sido sepultados con Él por medio del bautismo para muerte, a fin de que como Cristo resucitó de entre los muertos por la gloria del Padre, así también nosotros andemos en* **novedad de vida.**

Los que nacen de nuevo se convierten en nuevas criaturas. Ahora son diferentes, y su ser interior ha cambiado. Esta es una noticia increíble, y una verdad que debemos abrazar con fuerza. La idea de que solo somos perdonados, y eso es todo, está lejos de lo que Dios dice. Somos mucho más que solo perdonados; somos nuevas criaturas en Cristo con una nueva naturaleza y corazón.

Las Buenas Noticias Implican Recibir Una Nueva Naturaleza

A los creyentes también se les da una nueva naturaleza. Sí, aún conservan su naturaleza pecaminosa, pero ahora también tienen una naturaleza completamente nueva que es mucho más poderosa que su antigua naturaleza pecaminosa. De hecho, los salvos son bendecidos con todas las bendiciones espirituales en los lugares celestiales:

Efesios 1:3–4: *Bendito sea el Dios y Padre de nuestro Señor Jesucristo, que* **nos ha bendecido con toda**

bendición espiritual en los lugares celestiales en Cristo. 4 Porque Dios nos escogió en Cristo antes de la fundación del mundo, para que fuéramos santos y sin mancha delante de Él.

Romanos 6:4: *Por tanto, hemos sido sepultados con Él por medio del bautismo para muerte, a fin de que como Cristo resucitó de entre los muertos por la gloria del Padre, así también nosotros andemos en **novedad de vida.***

Las Buenas Noticias Implican Recibir Un Nuevo Corazón

Además de nacer de nuevo, ser una nueva creación en Cristo, y poseer una nueva naturaleza, una persona salva también recibe un nuevo corazón en Dios:

Ezequiel 36:26: *Además, les daré un **corazón nuevo** y pondré un **espíritu nuevo** dentro de ustedes; **quitaré de su carne el corazón de piedra** y les daré un **corazón de carne**.*

Las Buenas Noticias Implican Ser Más Que Vencedores Sobre el Pecado

Romanos 6:7–11: *Porque el que ha muerto, ha sido **libertado del pecado**. 8 Y si hemos muerto con Cristo, creemos que también viviremos con Él, 9 sabiendo que Cristo, habiendo resucitado de entre los muertos, no volverá a morir; la muerte ya no tiene dominio sobre Él. 10 Porque en cuanto a que Él murió, murió al pecado de una vez para siempre; pero en cuanto Él vive, vive para Dios. 11 Así* *también ustedes, considérense **muertos para el pecado, pero vivos para Dios** en Cristo Jesús.*

Romanos 8:33–37: *¿Quién acusará a los escogidos de Dios? Dios es Él que justifica. 34 ¿Quién es él que condena? Cristo Jesús es Él que murió, sí, más aún, Él que resucitó, Él que además está a la diestra de Dios, Él que también intercede por nosotros. 35 ¿Quién nos separará del amor de Cristo? ¿Tribulación, o angustia, o persecución, o hambre, o desnudez, o peligro, o espada? 36 Tal como está escrito: Por causa Tuya somos puestos a muerte todo el día; somos considerados como ovejas para el matadero. 37 Pero en todas estas cosas somos **más que vencedores** por medio de Aquel que nos amó.*

Ahora, mientras la persona salva todavía tiene la vieja naturaleza pecaminosa, ya no es esclava de ella. Esta ya no tiene poder sobre Él. Es más que vencedor sobre su pecado, a través de Cristo. Cristo ahora mora en el creyente y le ha dado todo lo que necesita para vencer y ser victorioso sobre el pecado. Estas son ciertamente buenas noticias para nosotros y para aquellos con quienes compartimos el evangelio.

Las Buenas Noticias Implican La Curación de Los Pecados Pasados

¡La paga del pecado es muerte! El pecado destruye, mata, arruina, y mancha a todos los que se han cruzado en su camino. Cuando nacemos de nuevo, comenzamos una nueva vida, y Dios nos ayuda a reconstruir todo lo que el pecado ha destruido en nuestras vidas. Cosas como relaciones rotas, hábitos destructivos, formas erróneas de pensar, y comportamiento incorrecto pueden cambiar.

Dios puede restaurar nuestra vida poco a poco a la forma en que pretendía que fuera en primer lugar:

Joel 2:25–27: *Entonces **los compensaré por los años en que devoraban** la langosta, el pulgón, el saltón y la oruga, Mi gran ejército, que envié contra ustedes. 26 Tendrán mucho que comer y se saciarán, Y alabarán el nombre del Señor su Dios, Que ha obrado maravillosamente con ustedes; Y nunca jamás será avergonzado Mi pueblo. 27 Y sabrán que en medio de Israel estoy Yo, Y que Yo soy el Señor su Dios Y no hay otro. Nunca jamás será avergonzado Mi pueblo.*

La buena noticia trae esperanza para una vida mejor y la curación de la destrucción del pecado. Es una vida que ahora es agradable y brinda satisfacción a Dios, a los demás, e incluso a nosotros mismos. Trae paz y bondad a nuestras vidas, y a los años que el pecado destruyó, Dios puede restaurarlos y reconstruirlos.

Las Buenas Nuevas Implican Propósito, Significado, Amor, Esperanza, y Alegría

Nuestras mayores necesidades como el perdón, el propósito en la vida, el significado, el amor, la esperanza, la alegría, la curación espiritual, tener relaciones saludables con los demás, y estar bien con nuestro Creador y tener comunión con Él, ahora es posible.

¡Las buenas noticias están más allá de lo creíble y son realmente las mejores noticias que se han dado!

Conclusión

Las buenas noticias brillan como resultado de compartir con precisión las malas noticias. Si no compartimos las malas noticias, entonces las buenas noticias disminuyen y se devalúan.

Cristo ha pagado el precio de nuestros pecados, y podemos estar ante Él con toda confianza, no por nada de lo que hemos hecho, sino por lo que hizo por nosotros en la Cruz.

El regalo de la salvación no solo incluye la vida eterna con Dios en el cielo, sino también la vida aquí y ahora. Cuando nacemos de nuevo, nos convertimos en nuevas criaturas en Cristo, se nos da una nueva naturaleza, un nuevo corazón, un nuevo espíritu, y somos más que vencedores en Cristo.

Cristo dijo que vino a darnos vida y vida en abundancia: *"El ladrón solo viene para robar, matar y destruir; vine para que **tengan vida y la tengan en abundancia**"* (Juan 10:10).

Esto no significa que no tendremos dificultades, dolor, sufrimiento, persecución, y pruebas. Pero en general, tenemos un propósito, significado, perdón, curación, restauración, alegría, esperanza, amor, y paz con Dios.

El evangelio contiene tan buenas noticias que realmente está más allá de la comprensión total. Es lo que toda persona debe anhelar y desear. ¡Y son tan buenas noticias que deberíamos gritarlas al mundo!

Capítulo 6

¿Qué Debemos Creer Para Ser Salvados?

Terminología Que Dios Usa En La Salvación

Dios usa varias frases para describir lo que debemos entender y creer para ser salvos. Frases como creer en Cristo, seguirme, arrepentirse, y recibir a Cristo se usan indistintamente.

No creo que sea necesario obsesionarse con las palabras o frases que usamos. Los términos anteriores son todos bíblicos y se pueden usar como mejor le parezca. Decir la palabra o frase correcta no es lo que nos salva. Mientras tengamos una comprensión bíblica de la salvación, lo más importante es la sinceridad de nuestros corazones.

En este capítulo, veremos los versículos clave que debemos entender y creer para ser salvos.

Debemos Creer Que La Salvación Es Un Regalo Gratis

No hay nada que podamos hacer para ganar la salvación. Es absolutamente gratis, y no a través del esfuerzo humano de ninguna manera. No podemos hacer suficientes buenas acciones o cualquier otra cosa para ganarla. Es por gracia a través de la fe y no por obras:

Efesios 2:8–9: *Porque por **gracia** ustedes han sido salvados **por medio de la fe**, y esto no procede de ustedes, sino que es **don de Dios**; 9 **no por obras**, para que nadie se gloríe.*

Observe algunas palabras clave en este versículo: *gracia*, *fe*, *don de Dios*, y *obras*.

La gracia es la bondad y la bendición de Dios que se basa únicamente en su naturaleza y no en quiénes somos, o qué hacemos, o hemos hecho.

La fe es lo que nosotros como humanos ejercemos en la salvación. Es nuestra respuesta a la gracia de Dios. La fe no es una obra que se gana la salvación; es solo el medio por el cual creemos y la recibimos.

Un regalo es algo dado gratuitamente y no ganado. Si se gana la salvación, deja de ser un regalo y se convierte en algo adeudado o en una recompensa. La salvación es un regalo dado gratuitamente por Dios, y debemos creerlo para ser salvos:

Romanos 6:23: *Porque la paga del pecado es muerte, pero la **dádiva de Dios es vida eterna** en Cristo Jesús Señor nuestro.*

Las obras son con lo que algunos creen que se gana la salvación. Creen que, si seguimos ciertas reglas, obedecemos lo que dice nuestra religión, hacemos suficientes buenas acciones, etc., entonces somos salvos. Dios dice que no hay nada que podamos hacer para ganar la salvación, y debemos creer esta verdad.

Somos justificados ante Dios únicamente por lo que Cristo hizo por nosotros en la Cruz, no por lo que hacemos. Por lo tanto, las obras realizadas para ganar la salvación es lo que las Escrituras llama un *evangelio falso*. Sin embargo, las obras realizadas como resultado de la salvación es lo que las Escrituras llaman *fruto u obras*. Las obras, por lo tanto, son el resultado de nuestra salvación, no lo que la gana.

La salvación es un regalo, pero si no se recibe a través de la fe, entonces no tiene valor y no se aplica a nosotros. Por lo tanto, solo hay una respuesta simple de nuestra parte para la salvación; debemos ejercer fe para recibir el regalo de Cristo.

Como la fe juega un papel tan importante en la salvación, discutiremos en detalle sus características en el siguiente capítulo.

Debemos Creer Que Jesús Es El Señor

La salvación debe incluir una comprensión básica de Jesús y de quién es Él, para creer en Él y recibir la salvación:

Juan 8:24: *Por eso les dije que morirán en sus pecados; porque si no creen que Yo soy, morirán en sus pecados.*

La frase, *"Creen que Yo soy,"* significa que debemos creer que Jesús es el Señor y el Mesías que vino a la tierra para ser el sacrificio por nuestros pecados. También, debemos creer que Jesús era Dios en la carne y, por lo tanto, tiene la autoridad para perdonar nuestros pecados:

Juan 1:12–13: *Pero a todos los que lo recibieron, les dio el* *derecho de llegar a ser hijos de Dios, es decir, **a los que creen en Su nombre**, 13 que no nacieron de sangre, ni de la voluntad de la carne, ni de la voluntad del hombre, sino de Dios.*

Juan 3:36: *Él que cree en el Hijo tiene vida eterna; pero él que no obedece al Hijo no verá la vida, sino que la ira de Dios permanece sobre él.*

1 Corintios 15:1–5: *Ahora les hago saber, hermanos, **el evangelio que les prediqué**, el cual también ustedes recibieron, en el cual también están firmes, 2 **por el cual también son salvos**, si retienen la palabra que les prediqué, a no ser que hayan creído en vano. 3 Porque yo les entregué en primer lugar lo mismo que recibí: que **Cristo murió por nuestros pecados**, conforme a las Escrituras; 4 que **fue sepultado** y que **resucitó** al tercer día, conforme a las Escrituras; 5 que se apareció a Cefas y después a los doce.*

En este pasaje, vemos dos verdades que debemos creer para ser salvos: (1) debemos creer que Cristo murió por nuestros pecados, y (2) Cristo fue sepultado y resucitó de entre los muertos. El resucitar de entre los muertos afirma que Jesús fue quien dijo ser (Dios en la carne) y fue victorioso sobre el pecado y la muerte.

Debemos Confesar a Cristo Como Señor y Creer Que Dios Lo Levantó de La Muerte

Romanos 10:8–11: *Pero ¿qué dice? Cerca de ti está la palabra, en tu boca y en tu corazón, es decir, la palabra de fe que predicamos: 9 que **si confiesas con tu boca a Jesús***

por Señor, y crees en tu corazón que Dios lo resucitó de entre los muertos, serás salvo. 10 *Porque con el corazón se cree para justicia, y con la boca se confiesa para salvación. 11 Pues la Escritura dice: Todo él que cree en Él no será avergonzado.*

En este pasaje, vemos dos verdades que debemos creer y expresar de la salvación: (1) debemos creer y confesar que Jesús es el Señor. Esto también significa que lo estamos reconociendo como el Señor de nuestras vidas y estamos dispuestos a someternos a su señorío, (2) debemos creer que Dios levantó a Jesús de la muerte. Nuevamente, resucitar de entre los muertos significa que Jesús era quien decía ser y tiene la autoridad de ser nuestro Cordero sacrificado que murió en nuestro lugar para quitar nuestros pecados y darnos vida eterna.

El Significado de Creer

En la cultura hebrea de la Biblia, la palabra creer tenía un significado diferente al que entendemos hoy. Veamos el papel de los rabinos y sus discípulos durante el tiempo de Cristo para obtener entendimiento en esta área.

Como un discípulo aprendió de su rabino, estaban depositando toda su confianza y creencia en él. Este proceso fue llamado creer. A diferencia de hoy, el término creer tenía un significado muy diferente en la cultura hebrea. La comprensión semítica de creer no se basó en un asentimiento intelectual a un credo, una declaración doctrinal o una serie de proposiciones de fe. Más bien, para un discípulo del primer siglo, creer es un verbo en el que voluntariamente se somete a la autoridad interpretativa de su rabino con respecto a la Palabra de Dios en cada área de su vida. Por lo tanto, decir que era un discípulo en el nombre de Gamaliel, significaba que entregó totalmente su vida a la forma en que Gamaliel interpretaba las Escrituras. Como resultado, conformó todo el comportamiento de su vida a sus interpretaciones.[2]

La palabra creer en la cultura hebrea significaba tomar alguna acción, aplicar el conocimiento a la vida cotidiana y cambiar alguna actitud o perspectiva, no solo saber mentalmente algo y permanecer sin cambios.

Hoy, la palabra creer se usa más como un sustantivo y se inclina hacia un simple acuerdo intelectual o asentimiento mental. Este es un significado muy diferente al uso en los días de Cristo. El hecho de que creer se entendía no solo como saber algo, sino también como acción y obediencia se ve en cómo Jesús usó las palabras indistintamente:

---

[2] Doug Greenwold, *Being a First-Century Disciple,* 2007, Bible.org. https://bible.org/article/being-first-century-disciple. Accessed 08/14/2015.

Juan 3:36: *El que cree en el Hijo tiene vida eterna; pero el que no obedece al Hijo no verá la vida, sino que la ira de Dios permanece sobre él.*

Si creer significara simplemente saber algo, Cristo habría usado creer las dos veces en el versículo, pero no lo hizo. Usó la palabra obedecer en lugar de creer en la segunda parte del versículo. Por lo tanto, para Cristo, creer también incluye obediencia, no solo conocimiento.

Debemos Arrepentirnos de Nuestros Pecados

¿Qué significa arrepentirse? Significa que cambiamos de dirección. Está yendo en cierta dirección y luego gira y va en la dirección opuesta. Antes de la salvación, la dirección en la que vamos es de acuerdo con nuestra propia voluntad, planes, propósitos, sueños, etc. Significa que somos el señor de nuestras vidas y tenemos el control de la dirección que queremos en la vida.

Después de la salvación, la dirección de nuestra vida cambia 180 grados y se basa en que Cristo es nuestro Señor. Como resultado, ahora le permitimos tener el control y elegir la dirección y los planes que tiene para nosotros.

Cambiar de dirección también incluye pena por nuestro pecado y la dirección egoísta en la que íbamos.

Curiosamente, en la predicación de Juan el Bautista

y Jesús, el arrepentimiento fue su tema principal:

Mateo 3:1–2: *En aquellos días llegó Juan el Bautista predicando en el desierto de Judea, diciendo: 2 Arrepiéntanse, porque el reino de los cielos se ha acercado.*

Mateo 4:17: *Desde entonces Jesús comenzó a predicar: Arrepiéntanse, porque el reino de los cielos se ha acercado.*

Marcos 1:14–15: *Después que Juan había sido encarcelado, Jesús vino a Galilea predicando el evangelio de Dios. 15 El tiempo se ha cumplido, decía, y el reino de Dios se ha acercado; arrepiéntanse y crean en el evangelio.*

Debido a que el arrepentimiento juega un papel tan crítico en la salvación, veamos algunas características bíblicas del arrepentimiento genuino.

1. El Arrepentimiento Bíblico Reconoce y Confiesa El Pecado

Salmo 32:4–5: *Porque día y noche Tu mano pesaba sobre mí; Mi vitalidad se desvanecía con el calor del verano. 5 Te manifesté mi pecado, Y no encubrí mi iniquidad. Dije: Confesaré mis transgresiones al Señor; Y Tú perdonaste la culpa de mi pecado.*

Aquellos que demuestren arrepentimiento bíblico reconocerán y confesarán sus pecados al Señor. Si esto no se hace sinceramente, entonces es probable que no haya ocurrido un arrepentimiento genuino.

2. El Arrepentimiento Bíblico Implica Tristeza Divina

2 Corintios 7:8–11: *Porque si bien les **causé tristeza** con mi carta, no me pesa. Aun cuando me pesó, pues veo que esa carta les **causó tristeza**, aunque solo por poco tiempo; 9 pero ahora me regocijo, no de que fueron entristecidos, **sino de que fueron entristecidos para arrepentimiento**; porque **fueron entristecidos conforme a la voluntad de Dios**, para que no sufrieran pérdida alguna de parte nuestra. 10 **Porque la tristeza que es conforme a la voluntad de Dios produce un arrepentimiento que conduce a la salvación,** sin dejar pesar; pero la tristeza del mundo produce muerte. 11 Porque miren, ¡qué solicitud ha producido esto en ustedes, **esta tristeza piadosa,** qué vindicación de ustedes mismos, qué **indignación**, qué **temor**, qué gran **afecto**, qué **celo**, qué castigo del mal! En todo **han demostrado ser inocentes en el asunto.**

Observe en el versículo 10 que hay dos tipos de tristeza: (1) tristeza que produce el arrepentimiento, y (2) tristeza que produce la muerte. La tristeza divina es sincera, humilde, genuina y dispuesta a cambiar del pecado a Dios y cambiar el comportamiento. La tristeza mundana solo lamenta las consecuencias, el dolor y el sufrimiento que causa el pecado, pero no está dispuesto a arrepentirse y volverse a Dios.

También, vemos que la tristeza bíblica y piadosa tendrá vindicación (ser limpiado del mal), indignación (repudio al pecado), miedo (temor al Señor y lo que Él piensa), anhelo (que desea lo que es bueno), celo (pasión por servir y obedecer a Dios), y vengarse del mal (restitución y restauración de los errores cometidos). El arrepentimiento bíblico es dolor bañado en acción y cambio, no solo sentirse mal.

3. El Arrepentimiento Bíblico Es Humilde, Sumiso, y Triste

Santiago 4:6–10: *Pero Él da mayor gracia. Por eso dice:* **Dios resiste a los soberbios, pero da gracia a los humildes.** *7 Por tanto, sométanse a Dios.* **Resistan, pues, al diablo y huirá de ustedes.** *8 Acérquense a Dios, y Él se acercará a ustedes.* **Limpien sus manos**, *pecadores; y ustedes de doble ánimo,* **purifiquen sus corazones.** *9* **Aflíjanse, laméntense y lloren. Que su risa se convierta en lamento y su gozo en tristeza.** *10 Humíllense en la presencia del Señor y Él los exaltará.*

El arrepentimiento bíblico incluye humildad, sumisión a Dios, acercamiento a Dios, limpieza, abandono del pecado, pureza de corazón, luto, tristeza, y llanto por los pecados cometidos. El arrepentimiento que no incluye genuinamente estas actitudes no es bíblico.

4. El Arrepentimiento Bíblico Produce Fruto

Mateo 3:7–8: *Pero cuando vio [Juan el bautista] que muchos de los fariseos y saduceos venían para el bautismo, les dijo: ¡Camada de víboras! ¿Quién les enseñó a huir de la ira que está al venir? 8 Por tanto,* **den frutos dignos de arrepentimiento.**

El arrepentimiento bíblico debe manifestarse con fruto. Si no hay cambio de corazón, cambio de voluntad, cambio de dirección, y no hay voluntad de que Cristo sea el Señor de nuestra vida, entonces no se ha producido un arrepentimiento sincero.

Debemos Elegir Seguir a Cristo

Una de las frases más usadas de Cristo en el llamado de salvación fue: "*Sígame.*" Esta frase abarca y resume lo que significa creer, recibir, arrepentirse, y hacer de Cristo el Señor de nuestras vidas. Infiere sumisión, obediencia, señorío, y servicio a Cristo.

Marcos 8:34–35: *Llamando Jesús a la multitud y a Sus discípulos, les dijo: **Si alguien quiere venir conmigo**, niéguese a sí mismo, tome su cruz, y **sígame**. 35 Porque el que quiera salvar su vida, la perderá; pero el que pierda su vida por causa de Mí y del evangelio, la salvará.*

Mateo 19:21: *Jesús le respondió: Si quieres ser perfecto, ve y vende lo que posees y da a los pobres, y tendrás tesoro en los cielos; y ven, **sé Mi discípulo**.*

Juan 12:26: *Si alguien me sirve, **que me siga**; y donde Yo estoy, allí también estará Mi servidor; si alguien me sirve, el Padre lo honrará.*

Mateo 4:18–20: *Andando Jesús junto al mar de Galilea, vio a dos hermanos, Simón, llamado Pedro, y Andrés su hermano, echando una red al mar, porque eran pescadores. 19 Y les dijo: **Vengan en pos de Mí**, y Yo los haré pescadores de hombres. 20 Entonces ellos, dejando al instante* *las redes, **lo siguieron.***

Seguir a Cristo significa que ya no seguimos nuestra propia voluntad, sino la voluntad de Cristo para nosotros. Implica hacer de Cristo el Señor de nuestras vidas y hacer lo que Él dice, no lo que queremos. Es rendirse, obedecer, y servir a Cristo.

Fue la frase más utilizada de Cristo porque abarca y resume lo que significa creer en Cristo, recibir a Cristo, arrepentirnos de nuestros pecados, y hacer de Cristo el Señor de nuestras vidas. Es el mensaje del evangelio en pocas palabras.

Debemos Recibir a Cristo Como Salvador

Juan 1:12–13: *Pero a **todos los que lo recibieron**, les dio el derecho de llegar a ser hijos de Dios, es decir, a los que creen en Su nombre, 13 que no nacieron de sangre, ni de la voluntad de la carne, ni de la voluntad del hombre, sino de Dios.*

La salvación no tiene valor a menos que se reciba. No solo debemos creer ciertas verdades acerca de Cristo y la salvación, sino que debemos recibir a Cristo para ser salvos. Por lo tanto, el término, ***recibir a Cristo como Salvador y Señor***, es probablemente la frase más utilizada en el llamado de salvación de hoy.

Conclusión

La salvación es absolutamente gratis y no se puede ganar. La fe es el vehículo a través del cual recibimos el regalo gratuito de la salvación de Dios. Nuestra fe se basa en comprender y creer ciertas verdades, y no podemos tener fe bíblica sin conocerlas. Por lo tanto, la fe bíblica se basa en la verdad de la Palabra de Dios y en lo que Él dice acerca de la salvación.

Cuando llegamos a comprender las verdades básicas sobre la salvación, estamos en condiciones de actuar sobre este conocimiento. Actuar sobre este conocimiento es lo que la Biblia llama fe o creer.

La fe y la creencia bíblica, de acuerdo con los versículos que hemos visto en este capítulo, deben incluir los siguientes entendimientos, creencias, y expresiones:

- Debemos entender y creer que la salvación es un regalo gratuito y que no se puede ganar (Ef. 2:8–9; Rom. 6:23).

- Debemos entender y creer que Jesús es Señor y Mesías (Juan 1:12–13; Juan 3:36; 1 Cor. 15:1–5).

- Debemos entender y confesar a Cristo como Señor, y creer que murió en la cruz, fue sepultado, y resucitó de los muertos para pagar nuestros pecados y darnos vida eterna (Rom. 10:8–11; 1 Cor. 15:1–5).

- Debemos comprender y arrepentirnos genuinamente de nuestros pecados y volvernos a Cristo (Mateo 3:7–8; Santiago 4:6–10).

- Debemos entender y elegir seguir a Cristo como el Señor de nuestras vidas (Marcos 8:34–35; Mateo 19:21; Juan 12:26; Mateo 4:8–19).

- Debemos entender, creer, y recibir a Cristo como nuestro Señor y Salvador personal (Juan 1:12–13).

Lo que hacemos al creer y expresar nuestra fe en la salvación no debe confundirse como obras que ganan la salvación. Es solo lo que hacemos al recibir la salvación. La salvación es un regalo, pero a menos que se reciba a través de la fe y la creencia, no tiene valor y no se aplica a nosotros.

Capítulo 7

¿Qué Es Fe Salvadora?

¿Es posible ser salvo, pero no tener obras o expresión de fe en nuestras vidas? ¿La creencia en Dios es suficiente para salvarnos, o alguna medida de fruto debe acompañar nuestra fe para ser una fe genuina y salvadora? ¿Es bíblica la salvación sin ninguna expresión o evidencia?

Debido a que somos salvos por gracia mediante la fe (Ef. 2:8–9), es vital que comprendamos qué es la fe salvadora.

Somos Salvos Por Gracia a Través de La Fe

La fe es el vehículo a través del cual creemos y recibimos la salvación: *"Porque **por gracia** ustedes han sido salvados por **medio de la fe**, y esto no procede de ustedes, sino que es don de Dios; 9 no por obras, para que nadie se gloríe"* (Ef. 2:8–9).

Dios deja en claro que la salvación es un regalo recibido a través de la fe. Nuestra fe es lo que ejercemos en el proceso de salvación. Lo que hacemos al expresar nuestra fe no debe confundirse como obras que ganan la salvación. Es solo lo que hacemos al recibir la salvación. La salvación es un regalo gratuito, pero a menos que se reciba por fe, no tiene valor y no se aplica a nosotros.

Dios proporciona la salvación como un regalo gratuito basado únicamente en lo que Cristo hizo en la Cruz por nosotros. Su muerte, sepultura, y resurrección son el pago por nuestros pecados. No podemos agregarle nada, y la salvación es totalmente gratuita a través de Jesucristo.

Sin embargo, para recibir este regalo gratuito, el humano debe recibirlo por fe. Por esta razón, en este capítulo nos centraremos bíblicamente en lo que es la fe salvadora, las formas bíblicas en que se expresa, y es evidente.

La Fe Salvadora Es Una Fe Obediente

¿Es la salvación sin obediencia, fe salvadora y bíblica?

Dallas Willard cita una declaración de AW Tozer sobre la creencia en la salvación sin obediencia: "Una herejía notable ha surgido en todos los círculos evangélicos cristianos, el concepto ampliamente aceptado de que los humanos podemos elegir aceptar a Cristo solo porque lo necesitamos como Salvador y que tenemos el derecho de posponer nuestra obediencia a Él como Señor el tiempo que queramos."[3] Willard luego continúa diciendo que "La salvación aparte de la obediencia es desconocida en las sagradas escrituras. Esta "herejía" ha creado la impresión de que es bastante razonable ser un "cristiano vampiro." En

---

[3] A. W. Tozer, *I Call It Heresy,* Harrisburg, Penn, Christian Publications, 1974, p. 5, quoted by Dallas Willard, 2009-10-13, *The Great Omission,* HarperCollins. Kindle Edition, p. 229.

efecto, uno le dice a Jesús: "Me gustaría un poco de tu sangre, por favor, pero no me importa ser tu seguidor o tener tu carácter. De hecho, discúlpame mientras sigo con mi vida y te veré en el cielo."[4]

John MacArthur también ha hablado sobre lo que él cree que es un malentendido con respecto a la relación entre la salvación y la obediencia. Afirma que algunos teólogos han propuesto un evangelio en el que uno puede recibir la vida eterna y continuar viviendo en rebelión contra Dios.[5] Él señala, "Se les ha dicho que el único criterio para la salvación es conocer y creer algunos hechos básicos acerca de Cristo. Oyen desde el principio que la obediencia es opcional."[6] MacArthur refuta esta creencia afirmando, "El evangelio que Jesús proclamó fue un llamado al discipulado, un llamado a seguirlo en obediencia sumisa, no solo una súplica para tomar una decisión o rezar una oración."[7]

Para aquellos que piensan que podemos ser salvos, y luego vivir como nos plazca, Cristo tiene una advertencia aleccionadora: *"No todos los que me dicen 'Señor, Señor' entrarán en el reino de los cielos, sino el que*

---

[4] Dallas Willard, *The Great Omission* (HarperCollins. Kindle Edition, 2009-10-13), pp. 13-14.
[5] John MacArthur, *The Gospel According to Jesus* ((Grand Rapids, Michigan, Zondervan Publishing House, 1988), p. 15.
[6] Ibid., p. 17.
[7] Ibid., p. 21.

hace la voluntad de mi Padre que está en los cielos" (Mateo 7:21).

Cristo advierte que no serán los que lo llaman "Señor" quienes serán salvos, sino aquellos que hagan la voluntad de su Padre. Afirma que no es lo que dice una persona, sino lo que hace lo que importa, y que es posible reconocerlo como Señor, pero no ser genuinamente salvo. Este versículo contrarresta el argumento de algunos que creen que podemos ser salvos, pero no obedecer. Cristo enfatiza que la verdadera fe es activa y debe incluir la obediencia para ser fe salvadora. Afirma que el mero asentimiento mental no salva, pero que la fe salvadora debe expresarse mediante la obediencia para ser genuina.

Observe también que Cristo dice, *"Muchos me dirán en aquel día: 'Señor, Señor, ¿no profetizamos en Tu nombre, y en Tu nombre echamos fuera demonios, y en Tu nombre hicimos muchos milagros?' 23 Entonces les declararé: 'Jamás los conocí; apártense de Mí, los que practican la iniquidad'"* (Mateo 7:22–23).

Cristo declara que muchos no entrarán al Reino de los Cielos porque basan su salvación en las obras, no en la fe. Creen que sus "obras poderosas" los salvarán, no solo su fe en Cristo y una relación con Él. Cristo nos advierte que la salvación no es por obras sino por gracia.

Encontramos, entonces, dos factores que pueden

resultar en salvación falsa: (1) creer en Dios sin obediencia, y (2) basar nuestra salvación en las obras y no en la gracia. Cristo advierte de ambos peligros en Mateo 7:21–23.

Ahora, mientras que la fe salvadora genuina debe ir acompañada de obras de algún tipo, debemos aclarar que esto no implica perfección. A veces puede ser difícil determinar qué nivel de expresión debe tener nuestra fe, pero según Cristo, la fe salvadora debe tener algún elemento de obediencia para ser sincera. Para la persona que dice ser salva, pero que vive en desobediencia absoluta a Dios, entonces sería seguro decir que no tenía una fe salvadora genuina, y como resultado, su salvación está en duda.

Fe Salvadora y El Papel de La Obediencia

Cristo enseñó que la salvación genuina debería resultar en obediencia:

Juan 3:36: *Él que **cree** en el Hijo tiene vida eterna; pero él que **no obedece** al Hijo no verá la vida, sino que la ira de Dios permanece sobre él.*

Curiosamente, Cristo usa la palabra creer como sinónimo de obedecer. Según Cristo, creer es obedecer y obedecer es creer. Son uno y lo mismo.

En este texto, es seguro decir que es necesario cierto nivel de obediencia al Hijo para recibir la vida eterna, y sin ella, no estamos realmente salvos. La salvación es un regalo gratuito dado por gracia a través de la fe en Cristo, pero el fruto, o evidencia de salvación según Cristo, es la obediencia.

Fe Salvadora y El Sermón del Monte

Otro poderoso ejemplo sobre la importancia de la obediencia en relación con la salvación se encuentra al final del Sermón del Monte:

Mateo 7:24–27: *Por tanto, cualquiera que oye estas palabras Mías y **las pone en práctica**, será semejante a un hombre sabio que edificó su casa sobre la roca; 25 y cayó la lluvia, vinieron los torrentes, soplaron los vientos y azotaron aquella casa; pero no se cayó, porque había sido fundada sobre la roca. 26 Todo él que oye estas palabras Mías y **no las pone en práctica**, será semejante a un hombre insensato que edificó su casa sobre la arena; 27 y cayó la lluvia, vinieron los torrentes, soplaron los vientos y azotaron aquella casa; y cayó, y grande fue su destrucción.*

La diferencia entre la salvación o la destrucción de cada casa (la vida de las personas) en la parábola se basa en si obedecen o no las palabras de Cristo, o simplemente las escuchan.

El significado de este pasaje es importante. El Sermón del Monte es el sermón más largo registrado en los Evangelios que Cristo predicó. Algunos teólogos han equiparado el Monte de las Bienaventuranzas (el lugar donde Cristo predicó el Sermón del Monte) con el Antiguo Pacto dado en el Monte Sinaí. Algunos eruditos creen que de la misma manera Dios dio el resumen del Antiguo Pacto en el Monte Sinaí, Cristo dio el resumen del Nuevo Pacto en el Monte de las Bienaventuranzas.

Si el resumen del Nuevo Pacto conlleva la importancia de hacer y obedecer lo que Cristo enseñó, entonces parecería lógico que el mensaje del evangelio de salvación incluiría lo mismo. Por lo tanto, un mensaje evangélico que permita la creencia mental solo en Dios, y excluya la necesidad de cierto nivel de obediencia, sería muy inferior a lo que Cristo proclamó.

Fe Salvadora y La Parábola del Sembrador

Cristo también habló acerca de las marcas de un creyente genuino en la parábola del sembrador (Mateo 13:1–23). Un sembrador sembró semillas (la Palabra de Dios) en cuatro tipos diferentes de suelos (corazones de personas). El primer suelo rechazó la semilla, y los siguientes dos suelos mostraron vida por un tiempo, pero luego murieron y no produjeron fruto. Fue solo el suelo que produjo fruto el que fue realmente salvo. Según Cristo, la marca de un creyente genuino es fruto, no solo creer en Dios.

Fe Salvadora y El Joven Rico

Cristo platicó con un joven rico que sabía mucho de la Biblia, creía en Dios, había memorizado gran parte de las Escrituras, e incluso guardó muchos de los Diez

Mandamientos, pero no fue salvo. Jesús usó este encuentro para enseñar que la salvación sin hacer de Cristo el Señor de nuestras vidas y seguirlo, no es fe salvadora. Mateo 19 relata la reunión:

Mateo 19:16–22: *Y un hombre se acercó a Jesús y le dijo: Maestro, ¿qué cosa buena haré **para obtener la vida eterna**? 17 Jesús le respondió: ¿Por qué me preguntas acerca de lo que es bueno? Solo Uno es bueno; pero si deseas entrar en la vida, guarda los mandamientos. 18 ¿Cuáles?, preguntó el hombre. Y Jesús respondió: No matarás; no cometerás adulterio; no hurtarás; no darás falso testimonio; 19 honra a tu padre y a tu madre; y amarás a tu prójimo como a ti mismo. 20 El joven dijo: Todo esto lo he guardado; ¿qué me falta todavía? 21 Jesús le respondió: Si quieres ser perfecto, ve y vende lo que posees y da a los pobres, y tendrás tesoro en los cielos; y **ven, sé Mi discípulo**. 22 Pero al oír el joven estas palabras, se fue triste, porque era dueño de muchos bienes.*

Curiosamente, el joven rico sabía que no era salvo, y Jesús también lo sabía. No hubo debate sobre eso. Sin embargo, a pesar del conocimiento de Dios del joven rico, la creencia en Él y la obediencia a algunos de los Diez Mandamientos, no lo salvó. Le faltaba una cosa: no estaba dispuesto a someterse al señorío de Cristo y seguirlo. Rechazó a Cristo y eligió seguir siendo el señor de su propia vida.

Este pasaje indica que creer en Dios, e incluso alguna actividad cristiana, no es suficiente para salvarnos. La fe debe ir acompañada de reconocer que el señorío de Cristo es una fe genuina y salvadora. Si nos negamos a reconocer a Cristo como nuestro Señor y, en cambio, seguimos siendo los señores de nuestras propias vidas, esto revela que el arrepentimiento y la salvación genuina están en cuestión.

Fe Salvadora y La Familia de Dios

Después de una larga sesión de enseñanza sobre las Parábolas del Reino, en la que Cristo había enfatizado la importancia de poner en práctica Sus palabras en lugar de solo escucharlas, le dijeron que su madre y sus hermanos lo estaban buscando. Su respuesta a ellos fue bastante fascinante:

Lucas 8:21: *Pero Él les respondió: Mi madre y Mis hermanos son estos que **oyen la palabra de Dios y la hacen**.*

Cristo declara que son los que hacen Sus palabras los que son parte de Su familia, no aquellos que simplemente escuchan Sus palabras sin hacerlas. Él enfatiza que la fe salvadora debe ir acompañada de obediencia para ser sincera y bíblica.

Fe Salvadora y El Asentimiento Mental

Cristo advirtió continuamente que escuchar sin obedecer conlleva una mayor condena porque sabemos qué hacer, pero nos negamos a hacerlo. El siguiente pasaje habla de aquellos que escucharon las palabras de Cristo, pero decidieron no arrepentirse y obedecerlas:

Mateo 11:20–24: *Entonces Jesús comenzó a reprender a las ciudades en las que había hecho la mayoría de Sus milagros, porque* **no se habían arrepentido:** *21 ¡Ay de ti, Corazín! ¡Ay de ti, Betsaida! Porque si los milagros que se hicieron en ustedes se hubieran hecho en Tiro y en Sidón, hace tiempo que se hubieran arrepentido en cilicio y ceniza. 22 Por eso les digo que en el día del juicio será más tolerable el castigo para Tiro y Sidón que para ustedes. 23 Y tú, Capernaúm, ¿acaso serás elevada hasta los cielos? ¡Hasta el Hades descenderás! Porque si los milagros que se hicieron en ti se hubieran hecho en Sodoma, esta hubiera permanecido hasta hoy. 24 Sin embargo, les digo que en el día del juicio será más tolerable el castigo para la tierra de Sodoma que para ti.*

A lo largo de toda la Escritura, vemos que la fe bíblica que es obediente siempre trae bendiciones de Dios, pero el mero asentimiento mental sin obediencia siempre trae Su juicio.

Por ejemplo, la razón por la cual la nación de Israel fue deportada a Asiria y Babilonia fue por su falta de obediencia. La mayoría de los israelitas creían en Dios; ellos simplemente no le obedecieron. Su creencia en Él no los salvó de ser deportados y escapar del juicio.

Fe Salvadora y El Libro de Santiago

El tema principal del libro de Santiago se esfuerza

por definir la fe y las obras, también conocidas como creencia y fruto. Aclara, qué es la fe genuina y cómo se expresa. No enseña que las obras nos salvan, sino que la verdadera fe debe incluir fruto que proporcione evidencia de salvación.

Santiago 2:14-26 se dedica a responder la pregunta sobre la relación entre la fe y las obras. Comienza con la pregunta sobre qué tipo de fe es la fe salvadora:

Santiago 2:14: *¿De qué sirve, hermanos míos, si alguien dice que tiene fe, pero no tiene obras?* ***¿Acaso puede esa fe salvarlo?***

Este versículo se centra directamente en responder qué tipo de fe es genuina y salvadora.

Debido a que esta verdad es tan importante, Dios proporciona cinco ejemplos para mostrarnos lo que implica la fe salvadora. Como ya se señaló, cuando Dios dice algo repetidamente, significa que quiere incrustar esa verdad en nuestros corazones.

Ejemplo 1: *Si un hermano o una hermana no tienen ropa y carecen del sustento diario, 16 y uno de ustedes les dice: Vayan en paz, caliéntense y sáciense, pero no les dan lo necesario para su cuerpo, ¿de qué sirve? 17* ***Así también la fe por sí misma, si no tiene obras, está muerta.*** (San. 2:15-17).

Según Dios, la fe que no se expresa por acción está muerta y no es fe salvadora.

Ejemplo 2: *Pero alguien dirá: Tú tienes fe y yo tengo obras. Muéstrame tu fe sin las obras,* **y yo te mostraré mi fe por mis obras** (San. 2:18).

Nuevamente, Dios aclara que la fe sin ninguna expresión de acción no es fe salvadora. Debe haber alguna evidencia, o no es genuina.

Ejemplo 3: *Tú crees que Dios es uno. Haces bien; también los demonios creen, y tiemblan. 20 Pero, ¿estás* **dispuesto a admitir, oh hombre vano, que la fe sin obras es estéril?** (San. 2:19–20).

Tenga en cuenta que a pesar de creer en Dios y estremecerse, los demonios no se salvan. Esto prueba que la creencia en Dios no nos salva, y que la fe debe tener alguna expresión de obediencia para ser una fe genuina y salvadora. Si nuestra creencia no produce fruto, es solo conocimiento y es inútil.

Ejemplo 4: *¿No fue justificado por las obras Abraham nuestro padre cuando ofreció a su hijo Isaac sobre el altar? 22* **Ya ves que la fe actuaba juntamente con sus obras,** *y como* **resultado de las obras, la fe fue perfeccionada;** *23 y se cumplió la Escritura que dice: Y Abraham creyó a Dios y le fue contado por justicia, y fue llamado amigo de Dios. 24* **Ustedes ven que el hombre es justificado por las obras y no solo por la fe** (San. 2:21–24).

Estos versículos pueden parecer contrarios a Efesios 2:8-9, que dice que somos salvos por gracia y no obras, pero no lo son. Dios está enfatizando que la fe debe ser expresada por el fruto para ser fe genuina y salvadora. Tenga en cuenta cómo dice: *"Abraham creyó a Dios, y le fue contado como justicia."* La creencia de Abraham se expresó en acción; no solo sabía qué hacer, sino que lo hizo.

Ejemplo 5: *Y de la misma manera, ¿no fue la ramera Rahab también justificada por las obras cuando recibió a los mensajeros y los envió por otro camino? 26 **Porque así como el cuerpo sin el espíritu está muerto, así también la fe sin las obras está muerta*** (San. 2:25–26).

Nuevamente, Dios está enfatizando que nuestras obras proporcionan evidencia de fe. Si no tenemos obras, entonces nuestra fe está muerta e inútil, y no es bíblica.

En estos cinco ejemplos de fe, Dios define claramente que la fe genuina y salvadora debe ir acompañada de algún nivel de obras (fruto) para ser verdadera fe, y si no, está muerta y no puede salvarnos.

Para aquellos que afirman que la creencia es suficiente para la salvación, John MacArthur responde valientemente: "La fe en la que confían es solo el consentimiento intelectual a un conjunto de hechos. No salva."[8]

Creo que vale la pena señalar que, en el cristianismo,

---

[8] John MacArthur, *The Gospel According to Jesus* (Grand Rapids, Michigan, Zondervan Publishing House, 1988), p. 170.

hemos hecho un buen trabajo definiendo que la salvación es por gracia a través de la fe y no de obras. Sin embargo, sugiero que no hemos hecho un buen trabajo para aclarar lo que implica una fe genuina y salvadora.

Fe Salvadora y Ejemplos de Las Escrituras

¿Qué es la verdadera fe según las Escrituras? ¿Es solo una creencia mental sobre ciertos hechos, o implica más?

En Hebreos 11, encontramos el tratado más largo y completo sobre la definición y el ejemplo de la fe bíblica. Observe cómo cada expresión de fe posee un verbo de acción:

- Por fe, Noé **construyó** un arca.

- Por fe, Abraham **obedeció** y **dejó** su país para **seguir a Dios** a la Tierra Prometida.

- Por fe, Sarah **recibió** poder para concebir.

- Por fe, Abraham, cuando fue probado, **ofreció** a Isaac.

- Por fe, Isaac **invocó** futuras bendiciones sobre Jacob y Esaú.

- Por fe, Jacob, al morir, **bendijo** a cada uno de los hijos de José.

- Por fe, José, al final de su vida, mencionó el éxodo

de los israelitas y **dio instrucciones** sobre sus huesos.

- Por fe, Moisés, cuando nació, **estuvo oculto** durante tres meses por sus padres.

- Por fe, Moisés, cuando creció, **se negó a ser llamado** hijo de la hija de Faraón, y prefirió **ser maltratado** con el pueblo de Dios que disfrutar de los placeres fugaces del pecado.

- Por fe, Moisés **celebró** la Pascua y **roció** la sangre para que el Destructor de los primogénitos no los tocara.

- Por fe, la gente **cruzó el Mar Rojo** como en tierra firme.

- Por fe, los muros de Jericó se cayeron después de que los israelitas los **rodearon** durante siete días.

- Por fe, Rahab, la prostituta, no pereció con quienes fueron desobedientes porque **había dado una bienvenida amistosa** a los espías.

- Por fe, Gedeón, Barak, Sansón, Jefté, David, Samuel, y los profetas **conquistaron reinos**, **hicieron cumplir la justicia**, **obtuvieron promesas**, **detuvieron las bocas** de los leones, **apagaron el poder del fuego**, **escaparon del filo** de la espada, **se fortalecieron** en medio de sus debilidades, **se hicieron poderoso** en la guerra y **pusieron en fuga** a ejércitos extranjeros.

- Por fe, las mujeres **recibieron** a sus muertos por resurrección; algunos fueron **torturados** y **se negaron** a aceptar la liberación para poder volver a una vida mejor.

- Por fe, otros **sufrieron burlas y flagelaciones**, e incluso **cadenas y encarcelamientos**, fueron **apedreados, partidos en dos, fueron asesinados** con la espada, **anduvieron con pieles** de ovejas y cabras, **indigentes, afligidos**, y **maltratados**.

La verdad fascinante sobre todos estos ejemplos de fe es que se caracterizan por la acción. Su fe fue seguida por hacer algo, no fue solo una creencia estática. Cada ejemplo es seguido por un verbo, un verbo de acción, un verbo de obediencia. Cada persona exhibió obras que daban testimonio de su fe.

Ahora, una vez más, es fundamental que aclaremos la diferencia entre las obras realizadas para ganar la salvación y las obras realizadas como resultado de la salvación. Las obras realizadas para ganar la salvación es lo que las Escrituras llaman un "evangelio falso." Las obras realizadas como resultado de la salvación es lo que las Escrituras llaman "fruto u obras." Las obras, por lo tanto, son el resultado de nuestra salvación, no lo que la gana. Sin embargo, si nuestra fe no tiene obras ni frutos, está muerta y no es fe salvadora.

Fe Salvadora y Juan El Bautista

Juan el Bautista reprendió fuertemente a aquellos que pensaban que podían creer en Dios y no dar fruto:

Mateo 3:7–10: *Pero cuando vio que muchos de los fariseos y saduceos venían para el bautismo, les dijo: ¡Camada de víboras! ¿Quién les enseñó a huir de la ira que está al venir? 8 **Por tanto, den frutos dignos de arrepentimiento**; 9 y no piensen que pueden decirse a sí mismos: "Tenemos a Abraham por padre," porque les digo que Dios puede levantar hijos a Abraham de estas piedras. 10 El hacha ya está puesta a la raíz de los árboles; por tanto, todo árbol que **no da buen fruto** es cortado y echado al fuego.*

Este pasaje enseña claramente que la fe sin fruto no es fe salvadora.

Fe Salvadora y Seguir a Jesús

Como ya hemos visto, la frase más utilizada de Cristo al llamar a la gente a la salvación fue: "*Sígame.*"

Marcos 8:34: *Llamando Jesús a la multitud y a Sus discípulos, les dijo: Si alguien quiere **venir conmigo**, niéguese a sí mismo, tome su cruz, y **sígame**.*

El término *sígame* es un llamado a la acción. Es un verbo e implica más que creer. En un sentido práctico, seguir a Cristo no puede hacerse sin algún tipo de acción de nuestra parte. No podemos seguir a Cristo si no estamos dispuestos a someternos a Su señorío y obedecerle.

Fe Salvadora y Fruto

Cristo habló sobre los profetas verdaderos y falsos, y cómo sabríamos la diferencia entre ellos:

Mateo 7:15–20: *Cuídense de los falsos profetas, que vienen a ustedes con vestidos de ovejas, pero por dentro son lobos rapaces. 16 Por sus frutos los conocerán. ¿Acaso se recogen uvas de los espinos o higos de los cardos? 17 Así, todo árbol bueno da frutos buenos; pero el árbol malo da frutos malos. 18 Un árbol bueno no puede producir frutos malos, ni un árbol malo producir frutos buenos. 19 **Todo árbol que no da buen fruto es cortado y echado al fuego. 20 Así que, por sus frutos los conocerán.***

Cristo dice que la forma en que reconocemos a los creyentes genuinos de los falsos es por sus frutos. También dijo que los falsos creyentes serían cortados y arrojados al fuego. Por lo tanto, aquellos que no producen fruto de salvación genuina no son verdaderos creyentes. Según Cristo, es el fruto de la vida de una persona, no es su mera creencia en Él, lo que lo distingue a un verdadero creyente de un falso creyente.

Fe Salvadora y Las Buenas Obras

Los versículos más citados sobre la doctrina fundamental de que la salvación es por gracia mediante la fe en Cristo y no por obras es Efesios 2:8–9:

Porque por gracia has sido salvo por la fe. Y esto no es cosa tuya; es un don de Dios, 9 no un resultado de obras, para que nadie pueda jactarse.

Sin embargo, muchos cristianos disocian Efesios 2:8–9 de Efesios 2:10. Efesios 2:10 revela cuál debería ser el resultado o la salida de Efesios 2:8–9:

*Porque somos su obra, creada en Cristo Jesús **para las buenas obras**, que Dios preparó de antemano, para que caminemos en ellas.*

Al ver estos versículos juntos, aprendemos que la salvación implica fe en Dios, y luego resulta en una expresión de obras. Por lo tanto, la verdadera fe debe ser evidenciada por las obras en la vida del creyente si es genuina y fe salvadora.

Fe Salvadora y El Temor del Señor

Las frases "temer al Señor" y "amar al Señor" van de la mano. Amar al Señor es temerle, y temer al Señor es amarlo:

Salmo 103:11: *Porque como están de altos los cielos sobre la tierra, Así es de grande **Su misericordia** para **los que le temen.***

Salmo 103:17: *Pero la **misericordia del Señor** es desde la eternidad hasta la eternidad, **para los que le temen**. Y su justicia para los hijos de los hijos.*

Estos versículos muestran que el temor del Señor y el amor del Señor son verdades armoniosas, no conflictivas.

Cristo define, en gran parte, lo que significa amar a Dios:

Juan 14:21: *Él que tiene Mis mandamientos **y los guarda, ese es él que me ama;** y él que me ama será amado por Mi Padre; y Yo lo amaré y me manifestaré a él.*

Guardar los mandamientos de Dios es la marca de una persona que verdaderamente ama y teme al Señor.

¿Cuál es el temor del Señor? Es un temor reverente de la majestad y el poder de Dios que conduce a un deseo serio y sobrio de obedecer a Dios en todos los asuntos. Por lo tanto, una persona genuinamente salva mostrará su amor y temor al Señor a través de una obediencia cuidadosa. Su pasión será buscar la voluntad del Señor para su vida a través de la Palabra de Dios. Serán honestos con las Escrituras y no estarán dispuestos a alterarlas para que se ajusten a sus propios deseos o los de su cultura.

Fe Salvadora y El Discipulado

A pesar de que los versículos que enseñan la salvación y la obediencia van de la mano, algunos creen que la obediencia es opcional y que uno puede salvarse sin obedecer y seguir a Cristo. Creo que este malentendido es un factor significativo que conduce a la negligencia del discipulado hoy.

Muchos piensan que mientras crean y tengan fe en

Dios, serán salvos. Se aferran a su creencia como suficiente para la salvación y creen que dar fruto y ser un seguidor de Cristo son opcionales. Como resultado, generalmente tienen una visión baja de la importancia del discipulado, y poco o nada de crecimiento ocurre en sus vidas.

Conclusión

Creo que según Cristo y el resto de la Escritura, la salvación genuina debería producir fruto. Deberíamos desear seguir, ser obedientes, y someternos al señorío de nuestro Maestro. La verdadera fe debe producir fruto en nuestras vidas que atestigüe el hecho de que ha ocurrido la salvación genuina. El fruto producido no nos salva, sino que es el resultado de la salvación.

La creencia de que podemos ser salvos sin dar ningún fruto también afecta negativamente el discipulado. Si creemos que podemos ser salvos sin ser un discípulo y sin ningún fruto, corremos el riesgo de ser falsos creyentes. También, descuidaremos el discipulado ya que nuestro enfoque no estará en servir a Dios, sino en una versión falsa del evangelio en el que creemos que podemos ser salvos, pero vivir como deseamos con poca o ninguna responsabilidad ante Dios.

La fe genuina y salvadora debería dar fruto. No implica solo asentimiento mental y mero conocimiento, sino alguna acción de nuestra parte que resulta en hacer la voluntad de Dios.

La fe salvadora no significa que obedecemos a Cristo a la perfección y nunca pecamos, sino que nuestra fe se expresa y se evidencia por algún nivel de obediencia.

Por lo tanto, ¿se puede salvar una persona y no producir ningún fruto? Creo que la respuesta es, "No." Debería haber alguna evidencia de fruto. No estamos hablando de perfección, sino de cierto nivel de obediencia. Debemos darnos cuenta de que la fe genuina produce fruto, no su ausencia.

Capítulo 8

Cómo Compartir El Evangelio En Siete Pasos Claros

Tener una guía de evangelismo que sea clara, precisa, y articule cada aspecto del evangelio puede ser una herramienta invaluable para compartir el evangelio. Ese es el propósito de este capítulo; proporcionar una guía de evangelismo de siete pasos que sea fácil de usar.

Si es posible, sería bueno memorizar estos pasos y un verso o dos para cada uno de los pasos.

Al final de este capítulo, se proporciona un enlace a nuestro sitio web donde puede descargar e imprimir folletos bíblicos gratuitos que siguen los pasos descritos en este capítulo.

Paso 1: Dios Nos Ama

Dios es nuestro Creador y anhela tener una relación con nosotros debido a Su gran amor por nosotros. Él desea salvarnos del infierno, darnos vida ahora, y que pasemos la eternidad en el cielo con Él. Él nos ama con un amor celoso y se siente profundamente herido cuando lo rechazamos, lo ignoramos, y vivimos la vida sin Él (Ex. 20:5).

Somos sus hijos creados, y anhela ser nuestro Padre celestial. Anhela cuidarnos, proveer, ayudarnos, protegernos, bendecirnos, dirigir nuestros caminos, y caminar por la vida con nosotros momento a momento:

Jeremías 31:3: *Desde lejos el Señor se le apareció, y le dijo: **Con amor eterno te he amado**, Por eso **te he sacado***

con misericordia.

Juan 3:16: *Porque de **tal manera amó Dios al mundo**, que dio a Su Hijo unigénito, para que todo aquel que cree en Él, no se pierda, sino que tenga vida eterna.*

Efesios 2:4–7: *Pero Dios, que es rico en misericordia, por causa del **gran amor con que nos amó**, 5 aun cuando estábamos muertos en nuestros delitos, nos dio vida juntamente con Cristo (por gracia ustedes han sido salvados), 6 y con Él nos resucitó y con Él nos sentó en los lugares celestiales en Cristo Jesús, 7 a fin de poder mostrar en los siglos venideros **las sobreabundantes riquezas de Su gracia por Su bondad para con nosotros en Cristo Jesús.***

Paso 2: Hemos Pecado y Estamos Separados de Dios

Nuestro pecado y rechazo a Dios nos separan de Él, la vida que Él quiere darnos ahora, y un futuro en el cielo con Él. Hemos perdido nuestra relación con Dios, nuestro Creador, y como resultado, tenemos un corazón pecaminoso. Hemos transgredido las leyes de Dios de lo correcto y lo incorrecto y, en su lugar, hemos seguido nuestra propia voluntad pecaminosa. No deseamos agradar a Dios y nos hemos establecido como el señor de nuestras vidas en lugar de Dios:

Génesis 2:15–17: *El Señor Dios tomó al hombre y lo puso en el huerto del Edén para que lo cultivara y lo cuidara. 16 Y el Señor Dios ordenó al hombre: De todo árbol del huerto podrás comer, 17 pero del árbol del conocimiento del* *bien y del mal no comerás, porque el día que de él comas,* **ciertamente morirás.**

El resultado del pecado de Adán y Eva fue una relación rota con Dios:

Génesis 3:8: *Y oyeron al Señor Dios que se paseaba en el huerto al fresco del día. Entonces el hombre y su mujer* **se escondieron de la presencia del Señor** *Dios entre los árboles del huerto.*

Isaías 59:2: *Ni Su oído se ha endurecido para oír. Pero las iniquidades de ustedes han hecho separación* **entre ustedes y su Dios**, *Y los pecados le han hecho esconder Su rostro para no escucharlos.*

No solo hemos transgredido las leyes de Dios del bien y del mal, sino que nuestro mayor pecado es estar separados y no tener una relación con Dios nuestro Creador. Debido a que el mayor mandamiento es amar al Señor con todo nuestro corazón, alma, mente, y fuerza, nuestro mayor pecado no es hacerlo. Este es nuestro pecado principal.

Como resultado de la caída de Adán y Eva, el pecado ha pasado a todos:

Romanos 3:23: *por cuanto* **todos pecaron** *y no alcanzan la gloria de Dios.*

Paso 3: Las Consecuencias de Nuestro Pecado

El precio por practicar el pecado y rechazar a Dios es la separación de Él por toda la eternidad en el infierno:

Romanos 6:23: *Porque la paga del pecado es* **muerte***, pero la dádiva de Dios es vida eterna en Cristo Jesús Señor nuestro.*

Mateo 13:49–50: *Así será en el fin del mundo; los ángeles saldrán, y sacarán a los malos de entre los justos, 50 y los arrojarán en el* **horno de fuego***; allí será el llanto y el crujir de dientes.*

Apocalipsis 21:8: *Pero los cobardes, incrédulos, abominables, asesinos, inmorales, hechiceros, idólatras, y todos los mentirosos tendrán su herencia en el* **lago que arde con fuego y azufre***, que es la muerte segunda.*

Paso 4: Cristo Pagó Por Nuestros Pecados En La Cruz

La crucifixión de Cristo en la Cruz paga nuestros pecados y nos los quita tan lejos como el este está del oeste. El castigo por el pecado, que es la separación de Dios en el infierno por la eternidad, fue pagado por Cristo. Como resultado, en Cristo nuestros pecados son perdonados, nuestra vergüenza eliminada, y ahora podemos tener una relación con Dios y la vida eterna en el cielo. Además, podemos ser sanos de las consecuencias del pecado y experimentar una vida abundante en el presente.

Isaías 53:5: *Pero Él fue herido por* **nuestras transgresiones***, molido* **por nuestras iniquidades***. El castigo, por nuestra paz, cayó sobre Él Y por* **Sus heridas hemos sido sanados.**

Salmo 103:12: *Como está de lejos el oriente del occidente, Así alejó de nosotros nuestras transgresiones.*

Romanos 5:8: *Pero Dios demuestra su amor para con nosotros, en que siendo aún pecadores, **Cristo murió por nosotros.***

Romanos 6:23: *Porque la paga del pecado es muerte, pero la dádiva de Dios es **vida eterna en Cristo Jesús** Señor nuestro.*

Efesios 2:8–9: *Porque por gracia ustedes **han sido salvados** por medio de la fe, y esto no procede de ustedes, sino que es **don de Dios**; 9 no por obras, para que nadie se gloríe.*

Juan 10:10: *El ladrón solo viene para robar, matar y destruir. Yo he venido **para que tengan vida, y para que la tengan en abundancia.***

Paso 5: Respuesta al Mensaje del Evangelio

Después de compartir claramente el evangelio, es apropiado llevar a la persona con la que está compartiendo al punto de decisión. Una pregunta simple como: "¿Te gustaría recibir a Cristo como tu Salvador y Señor, y Su regalo de salvación? Dependiendo de su respuesta, aquí hay algunos versículos útiles para compartir con ellos:

Juan 1:12: *Pero a todos los que lo **recibieron**, les dio el derecho de llegar a ser hijos de Dios, es decir, a los **que creen en Su nombre.***

Juan 3:36: *Él que **cree en el Hijo** tiene vida eterna; pero él que no obedece al Hijo no verá la vida, sino que la ira de Dios permanece sobre él.*

Hechos 4:12: E*n **ningún otro hay salvación**, porque no hay otro nombre bajo el cielo dado a los hombres, en el **cual podamos ser salvos.***

Paso 6: Recibir El Regalo de La Salvación

Las siguientes son las verdades básicas que una persona debe entender y creer para ser salvo:

1. Creer que la salvación es gratis y no se puede ganar.

2. Confesar que es un pecador que necesita la oferta de salvación de Cristo por medio de la fe.

3. Creer que Jesús es el Señor y murió en la Cruz para pagar sus pecados y resucitó de los muertos para darle vida eterna.

4. Arrepentirse y confesar sus pecados a Dios, pidiéndole Su perdón y gracia.

5. Entregar su corazón y voluntad a Cristo, y elija seguirlo como el Señor de su vida.

Oración Útil Para Recibir La Salvación

Es importante tener en cuenta que decir las palabras correctas en una oración para ser salvo no es vital. Dios mira al corazón, y las palabras son secundarias. No es una oración perfecta lo que nos salva, sino la sinceridad de nuestro corazón es lo que más importa.

A continuación, hay una oración sugerida que puede usar para ayudar a la persona con la que está compartiendo el evangelio a verbalizar su oración al Señor:

Gracias, Señor, por ayudarme a comprender mi pecaminosidad y la realidad del cielo y el infierno. Reconozco que soy un pecador y que merezco el castigo de la eternidad en el infierno como resultado. Creo que moriste en la cruz y resucitaste de entre los muertos para pagar el precio de mi pecado y rebelión contra ti. Creo que eres Señor y te pido que perdones mis pecados contra ti. Me arrepiento de mis pecados y te pido que entres en mi corazón y me salves. Lléname con tu Espíritu y guía mi vida. Te entrego mi corazón y te hago el Señor de mi vida. Concédeme tu gracia para seguirte y obedecerte de ahora en adelante. Gracias por escuchar mi oración. Amén.

Paso 7: Qué Hacer Después

Después de que la persona con la que está compartiendo el evangelio haya tomado la decisión de creer en Cristo y recibir su don de salvación, sería bien aconsejarle sobre algunos pasos a seguir para comenzar su nueva vida en Cristo y cómo crecer en Él.

1. Ore a Dios regularmente y desarrolle una relación con Él.

2. Lea o escuche la Biblia diariamente.

3. Forme parte de una iglesia creyente en la Biblia que predique la Palabra de Dios.

4. Participe en un programa de discipulado.

5. Sea bautizado lo antes posible.

6. Sea fiel a Dios y búscalo con todo tu corazón.

¿Debería Usted Decirle a Una Persona Que Es Salva Después de Orar Para Recibir a Cristo?

Mi opinión personal es que no recomiendo decirles a las personas que son salvos. Como pastor y misionero, he visto a innumerables personas orar para recibir a Cristo, pero no seguir adelante con el Señor. En poco tiempo, no están en la iglesia y vuelven a su estilo de vida habitual. No quiero decirles que son salvos y llevarlos a creer que solo porque oraron, levantaron la mano, llegaron al frente de la iglesia, etc., ahora son salvos. Si bien creo que la salvación genuina se lleva a cabo en un momento, también creo que toma tiempo para que la fe salvadora se manifieste.

Como vimos en el capítulo 7, la fe salvadora se expresa y se evidencia por el fruto. Por lo tanto, llevará algún tiempo ver el fruto. No quiero asegurarle a una persona que hace una oración que es salvo cuando no lo es.

Solo Dios sabe si la oración y el corazón de una

persona son genuinos o no en la salvación. Simplemente no podemos ver el reino invisible y saber qué ha sucedido en el corazón de una persona. La única forma en que nosotros, como humanos, podemos saber esto es por el fruto que la persona demuestra. Por lo tanto, no creo que sea prudente decirle a una persona que se salvó.

Además, creo que es el trabajo del Espíritu Santo confirmar la salvación en el corazón de una persona, no en el nuestro. Considere los siguientes versos:

Romanos 8:16: *El Espíritu mismo da testimonio a nuestro espíritu de que somos hijos de Dios.*

1 Corintios 15:1–2: *Ahora les hago saber, hermanos, el evangelio que les prediqué, el cual también ustedes recibieron, en el cual también están firmes, 2 por el cual también son salvos, si retienen la palabra que les prediqué, a no ser que hayan creído en vano.*

También, vemos en la parábola del sembrador que dos suelos (rocoso y espinoso) de los cuatro suelos mostraron vida por un momento, pero luego se cayeron y murieron. Los suelos en esta parábola representan los corazones de las personas y sus respuestas a la Palabra de Dios. Desde el exterior, parecía que estos dos suelos estaban muy bien y salvos. Sin embargo, después de algún tiempo, revelaron por falta de fruto y distanciamiento de Dios, que de hecho no fueron realmente salvos.

Por lo tanto, por estas razones, reúso asegurarles a las personas que son salvos, porque lleva tiempo ver si su respuesta al evangelio es genuina o no.

Recursos Útiles Para Folletos Bíblicos Gratuitos

Si desea acceder a folletos bíblicos gratuitos que siguen el formato exacto anterior, los tenemos disponibles en nuestro sitio de Internet:

MinisteriosCasaDeLuz.com/evangelismo

Estos folletos se pueden descargar e imprimir como desee, y son folletos genéricos que cualquier persona puede utilizar. Si lo desea, puede sellar su nombre e información de contacto en la parte posterior, o también la información de contacto de su iglesia, o ambas si lo desea.

Capítulo 9

¿Qué Hacer Después de La Salvación?

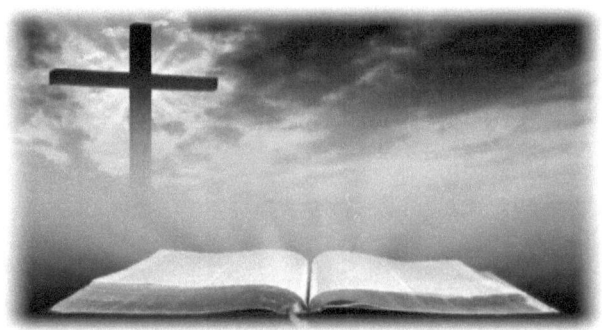

Después de la salvación, el siguiente paso en la vida de un creyente es el discipulado. Debido a que esto es tan importante, este capítulo está dedicado a comprender esta verdad vital.

¿Qué Es El Discipulado?

Dallas Willard, en su libro *La Gran Comisión*, hace una observación increíble sobre la importancia del discipulado al afirmar que la palabra discípulo aparece 269 veces en el Nuevo Testamento, pero cristiano solo se encuentra tres veces.[9] Willard define el discipulado como el aspecto fundamental de lo que significa ser salvo y ser un verdadero seguidor de Cristo.

Anthony Robinson, en su artículo "Sígueme," retoma la declaración de Willard y cree que debido a que la palabra discípulo aparece 269 veces en el Nuevo Testamento, define la marca de un creyente genuino.[10] Robinson también sostiene que la iglesia de hoy se centra principalmente en la conversión y descuida la forma de vida aquí y ahora, que es el discipulado.[11]

---

[9] Dallas Willard, *The Great Omission* (HarperCollins, Kindle Edition, 2009-10-13), p. 3.
[10] Anthony B. Robinson, *The Renewed Focus on Discipleship: 'Follow Me'* (Christian Century, 124 no 18 S 4 2007, pp. 23-25. Publication Type: Article. ATLA Religion Database with ATLASerials. Hunter Resource Library), p. 23, Accedido 10/12/2014.
[11] Ibid., p. 23.

El discipulado es el proceso de llegar a ser como Cristo en nuestra naturaleza, carácter, valores, propósitos, pensamientos, conocimientos, actitudes, y voluntad. En otras palabras, es el proceso de madurar espiritualmente. Dura toda la vida y no se relega a un estudio temporal o clase dedicada tomada por un tiempo y finalizada. Bill Hull afirma: "No es un programa o un evento; es un modo de vida. El discipulado no es solo para principiantes; es para todos los creyentes para cada día de sus vidas."[12]

El Discipulado Es El Único Camino Hacia La Madurez Espiritual

El discipulado es el vehículo que Dios usa para hacernos espiritualmente maduros. ¡No hay otra manera! Es el camino que debemos seguir para ser transformados a la imagen de Cristo y alcanzar la madurez espiritual. A través del discipulado, Dios nos otorga vida, amor, alegría, paz, mentes sanas, relaciones saludables, y familias e iglesias saludables. Es el llamado de nuestra vida y el propósito más elevado al que podemos aspirar.

Howard Hendricks valientemente afirmó: "Cuando

---

[12] Bill Hull, *The Complete Book of Discipleship: On Being and Making Followers of Christ* (The Navigators Reference Library 1, 2014, NavPress, Kindle Edition), Kindle Locations 436-437.

una persona hace una profesión de fe y . . . nunca se le somete a un proceso formal de discipulado, entonces hay pocas esperanzas de ver una verdadera transformación espiritual."[13]

En la medida en que estemos comprometidos con el discipulado, será el grado en que alcancemos la madurez espiritual. En la medida en que descuidemos nuestro compromiso con el discipulado, será el grado en que sufriremos destrucción, devastación, y pérdida eterna.

Comprométase a Crecer En Cristo a Través del Discipulado

Una comprensión adecuada del discipulado comienza con una comprensión adecuada de la salvación. Si la verdadera esencia de la salvación es mal entendida, entonces la importancia y el papel del discipulado también serán mal entendidos. Muchos factores contribuyentes están afectando la negligencia del discipulado, pero uno de los más significativos parece ser el malentendido de la relación entre la salvación y el discipulado.

Nuestras acciones y estilos de vida se basan en nuestros sistemas de creencias; por lo tanto, si tenemos

---

[13] C. S. Lewis Institute, *Sparking a Discipleship Movement in America and Beyond,* cslewisinstitute.org, http://www.cslewisinstitute.org/webfm_send/210, Accedido 19/08/2015.

un sistema de creencias defectuoso, nuestras acciones seguirán naturalmente.

¿Es Opcional El Discipulado?

Hoy, muchos cristianos ven el discipulado como opcional. Aunque fue el foco central de los ministerios de Cristo y los apóstoles, las cosas han cambiado con los años. ¿Qué enseña Cristo sobre la salvación y el discipulado? ¿Es bíblica la creencia en la salvación sin discipulado?

Dallas Willard afirma que hoy el cristianismo en general tiende a creer que la salvación es lo suficientemente buena como para llevarnos al cielo, y el discipulado es opcional.[14] Willard explica el estado del cristianismo hoy cuando dice: "Durante al menos varias décadas, las iglesias del mundo occidental no han hecho del discipulado la condición de ser cristiano. No se requiere ser, o tener la intención de ser, un discípulo para convertirse en cristiano, y uno puede seguir siendo cristiano sin ningún signo de progreso en el discipulado."[15] Además, John MacArthur cree que la enseñanza contemporánea que separa el discipulado de la salvación surge de ideas ajenas a las Escrituras.[16]

---

[14] Dallas Willard, *The Great Omission* (HarperCollins. Kindle Edition, 2009-10-13), p. 4.

[15] Ibid., p. 4.

[16] John MacArthur, *The Gospel According to Jesus* (Grand Rapids, Michigan, Zondervan Publishing House, 1988), p. 196.

Los Llamados de Cristo a "Seguirlo" Combinan La Salvación y El Discipulado En Un Solo Acto

En los relatos donde Cristo usa el término *sígame*, incluyen tanto un llamado de salvación como de discipulado. Mientras que a algunos les gustaría separar el llamado de Cristo a la salvación de su llamado al discipulado, parecen ser uno y lo mismo. En otras palabras, la salvación y ser un discípulo van de la mano. Observe cómo Cristo combina la salvación y el discipulado juntos:

Marcos 8:34–37: *Llamando Jesús a la multitud y a Sus discípulos, les dijo: Si alguien quiere venir conmigo, niéguese a sí mismo, tome su cruz, y sígame. 35 Porque él que quiera salvar su vida, la perderá; pero él que pierda su vida por causa de Mí y del evangelio, la salvará. 36 O, ¿de qué le sirve a un hombre ganar el mundo entero y perder su alma? 37 O, ¿qué dará un hombre a cambio de su alma?*

Hay otros cuatro pasajes paralelos donde Cristo hace llamados similares para seguirlo (Mateo 10:38–39, 16:24–26; Lucas 9:23–25; Juan 12:25–26). En cada llamada, Cristo se dirige a dos grupos: (1) la multitud general, y (2) Sus discípulos.

En Marcos 8:34–37, Cristo hace una declaración radical a todos: "*Si alguien viniera después de mí, que se niegue a sí mismo y tome su cruz y me siga.*" Algunos argumentarían que estos dos pasajes anteriores son solo un llamado al discipulado. Sin embargo, en el mismo llamado, Cristo usa los términos perder su vida y perder su alma.

¿Cómo los términos *perder tu vida y tu alma* se relacionarían solo con el discipulado? *Perder la vida y perder el alma* solo tendría sentido si los términos se refieren a la salvación, porque ¿cómo podría un discípulo que sigue obedientemente a Cristo negándose a sí mismo y tomando su cruz perder su alma? Parece claro que Cristo combina la salvación y el discipulado en un solo llamado. No ve dos aspectos distintos de la vida cristiana, sino uno. Su llamado a la salvación fue un llamado al discipulado. Por lo tanto, ser un seguidor de Cristo es ser un discípulo.

Parece, entonces, que es poco probable que uno pueda salvarse sin ser un discípulo. La salvación, según Jesús, parece incluir mucho más que la aceptación mental de ciertas verdades acerca de Dios. Implica una fe activa que se expresa en seguir a Cristo. Por lo tanto, la salvación y el discipulado son uno y lo mismo. Ser salvo es ser un discípulo. Ser un discípulo es ser salvo. A diferencia de algunos que quisieran separar la salvación del discipulado, en los llamados de Cristo a seguirlo, no estaban separados sino combinados.

Una Forma de Cristianismo de "Dos Niveles"

Bill Hull, quien ha escrito uno de los libros más extensos sobre el discipulado llamado *El Libro Completo del Discipulado,* sobre ser y hacer seguidores de Cristo, está profundamente preocupado por el creciente número de cristianos que creen que el discipulado es opcional.

Hull afirma que hemos establecido un estado de cristianismo de "dos niveles." El primer nivel es para aquellos que creen en Cristo y luego "viven principalmente como les plazca," y el segundo nivel es para "seguidores serios" que eligen la opción de ser discípulos devotos.[17] Afirma: "La cultura de la iglesia en el Norte Global, junto con Australia, Nueva Zelanda y Sudáfrica, ha aceptado en gran medida la idea del cristianismo sin discipulado: las personas pueden ser cristianas sin hacer ningún esfuerzo por someterse y seguir a Cristo."[18]

Hull continúa: "El hecho de que hayamos desarrollado este estado de cristianismo de dos niveles nos obliga a volver sobre nuestros pasos teológicos al mensaje real que proclamamos. Tenemos que preguntarnos, '¿qué tipo de personas produce el cristianismo sin discipulado?'"[19]

---

[17] Bill Hull, *The Complete Book of Discipleship: On Being and Making Followers of Christ* (The Navigators Reference Library 1, 2014, NavPress. Kindle Edition), Kindle Locations 700-703.

[18] Ibid., Kindle Locations 700-703

[19] Ibid., Kindle Locations 700-703.

Luego, Hull elabora su afirmación diciendo: "Esta enseñanza común es que un cristiano es alguien que, por fe acepta a Jesús como Salvador, recibe la vida eterna y está seguro en la familia de Dios; un discípulo es un cristiano más serio, activo en la práctica de las disciplinas espirituales y comprometido en evangelizar y discipular a otros. Pero debo ser franco: no encuentro evidencia bíblica para una separación entre cristiano y discípulo."[20]

Como resultado de la creencia en una forma de cristianismo de dos niveles, muchos ven el discipulado como opcional. Hull alega, "Creen que pueden salvarse sin ser discípulos porque, en general, el evangelio moderno enseña que la fe equivale a estar de acuerdo con un conjunto de hechos religiosos. El problema es que creer en Jesús no tiene sentido si no lo seguimos en el discipulado. Creer sin discipulado no es creer; está de acuerdo con un conjunto de hechos sobre una figura religiosa."[21]

Hull afirma que predicar un evangelio que excluye el discipulado es un evangelio diferente, "¡Pero debido a que hemos predicado un evangelio diferente, una gran multitud de personas piensan que son cristianos/salvos/nacidos de nuevo cuando realmente no lo son! Hemos hecho la prueba de salvación

---

[20] Ibid., Kindle Locations 572-575.
[21] Ibid., Kindle Locations 718.

doctrinal en lugar de conductual, ritualizándola con caminar por el pasillo, orando para recibir a Cristo o firmando una declaración doctrinal."[22]

David Platt comparte esta preocupación similar al afirmar, "Las iglesias de hoy están llenas de supuestos cristianos que parecen contentos de tener una asociación casual con Cristo al tiempo que dan una adhesión nominal al cristianismo. A muchos hombres, mujeres y niños se les ha dicho que convertirse en seguidor de Jesús simplemente implica reconocer ciertos hechos o decir ciertas palabras."[23]

Desde una perspectiva bíblica, este punto de vista puede correr el riesgo de promover una forma de conversión que fácilmente puede producir la falsa salvación y la falta de discipulado. Puede dar la apariencia de que podemos ser salvos y luego vivir nuestras vidas como nos plazca. Esta mentalidad lleva a la conclusión de que también podemos tener los deseos de la carne, y a la vez el cielo, que no necesitamos renunciar a mucho para ser salvos. Viola el llamado de Cristo a seguirlo en el discipulado porque el discipulado es visto como opcional. En consecuencia, el estado del evangelicalismo está

---

[22] Ibid., Kindle Locations 740-742.

[23] David Platt, *Follow Me* (Carol Stream, Tyndale House Publishers, 2013), p. 3.

sufriendo como resultado, y hoy tenemos muchos cristianos espiritualmente inmaduros.

El Problema de Separar El Evangelio En Partes

Admiro a quienes separan el evangelio en partes para entenderlo mejor. Sin embargo, el discipulado ha sido afectado negativamente como resultado.

En lugar de ver el evangelio como un proceso completo, existe el deseo de separar la etapa inicial de salvación (creencia y fe) de sus otras partes, como el arrepentimiento, la obediencia, y el fruto. Al hacerlo, la fe y la creencia a menudo son elevados y aclarados, mientras que la expresión de la salvación, como lo demuestra el arrepentimiento, la obediencia y el fruto, se pasa por alto o se malinterpreta como obras. En lugar de ver el evangelio en su totalidad, se divide y disecciona.

Si bien el análisis cuidadoso de cada parte tiene su función, podemos correr el riesgo de perder de vista el panorama general porque estamos muy centrados en los detalles. Por lo tanto, es importante observar la totalidad del proceso de salvación para comprender lo que implica, no solo una parte de él.

El evangelio es solo el evangelio cuando funciona en su totalidad. Por el contrario, el evangelio no es el evangelio si solo se cree y practica parte de él.

¿Es Bíblica La Salvación Sin Discipulado?

¿Cómo afecta la creencia de que podemos ser salvos sin ser discipulados? Si creemos que hay dos aspectos de la salvación y que podemos elegir el aspecto de la salvación, pero omitir el aspecto del discipulado, entonces el discipulado será visto como opcional.

Creo que ser salvo y ser un discípulo son lo mismo. Es como una moneda de dos caras: por un lado, está la fe en Cristo, y por el otro está el seguir a Cristo. El acto de seguir a Cristo es la expresión bíblica de la salvación genuina.

Creo que si nos enfocamos principalmente en un lado de la moneda (solo creencia) y omitimos el otro lado de la moneda (ser un discípulo), podemos promover un evangelio falso. Ambas caras de la moneda representan la moneda en su totalidad. El discipulado es el lado de la moneda que sigue a cristo. Naturalmente, si omitimos la siguiente cara de la moneda que es seguir a Cristo, omitimos el discipulado. Este es el gran peligro de creer en la salvación sin discipulado.

La Gracia de Dios y El Esfuerzo Humano En El Discipulado

Otro factor que contribuye a la negligencia del discipulado hoy es la creencia común de que la gracia se opone al esfuerzo humano en el crecimiento espiritual. Hablamos mucho sobre la gracia de Dios, el perdón de pecados, y nuestra libertad en Cristo, pero no hablamos mucho sobre responsabilidad, disciplina, y perseverancia. Nos centramos en el papel de Dios al otorgarnos gracia, pero descuidamos nuestro papel en el esfuerzo.

¿Es bíblica la creencia de que la gracia de Dios se opone al esfuerzo humano, o trabajan de la mano? ¿Está bien ser flojo y casual en nuestras vidas cristianas porque Dios nos amará sin importar lo que hagamos, o es peligroso pensar así? ¿Está bien abusar de la gracia y el perdón de Dios, o es este un camino traicionero para caminar?

Creo que la gracia de Dios que nos permite crecer en Cristo, ser victoriosos sobre el pecado, y llegar a la madurez espiritual no se opone al esfuerzo humano. La gracia se opone a ganarse la salvación y el amor de Dios, pero no se opone a la cooperación del agente humano con Dios al ejercer esfuerzo en el crecimiento espiritual. Vemos en toda la Escritura que Dios no se opone al esfuerzo humano de hacer su voluntad.

El capítulo 11 de Hebreos describe a todos los grandes héroes de la fe y muestra cómo sus esfuerzos complacieron a Dios. Cada expresión de su fe estuvo acompañada de esfuerzo.

También, vemos en la vida del apóstol Pablo cómo cooperó con la gracia de Dios ejerciendo esfuerzo:

1 Corintios 15:10: *Pero por la gracia de Dios soy lo que soy, y **Su gracia para conmigo no resultó vana**. Antes bien **he trabajado mucho más que todos ellos**, aunque no yo, sino la gracia de Dios en mí.*

Pablo nota cómo trabajó más duro que el resto de los apóstoles con la gracia de Dios, pero le da crédito a Dios por todo. En este versículo vemos una relación maravillosa entre la gracia de Dios y el esfuerzo humano. Trabajan de la mano, Dios concede gracia y el agente humano trabaja y aplica esta gracia a su vida.

Los versos bien conocidos de Filipenses 2:12–13 también hablan del papel del esfuerzo en relación con la salvación:

*Así que, amados míos, tal como siempre han obedecido, no solo en mi presencia, sino ahora mucho más en mi ausencia, **ocúpense en su salvación** con temor y temblor. 13 Porque Dios es quien obra en ustedes tanto el querer como el hacer, para Su buena intención.*

Ocuparnos en nuestra salvación significa trabajar para madurar espiritualmente, no trabajar para ganarla. Significa vivir y aplicar la Palabra de Dios en nuestras vidas, no solo saber algo y permanecer sin cambios.

Ocuparse en su propia salvación con miedo y temblor habla de la seriedad que debemos tomar en nuestra búsqueda de la madurez espiritual.

En estos versículos, Dios espera que ejercitemos nuestro esfuerzo para el crecimiento espiritual en Cristo. Bill Hull dice, "La gracia, entonces, es el don continuo de Dios de permitirnos hacer buenas obras y hacer un gran esfuerzo. Estos son tan parte de su gracia como el acto de salvación o conversión."[24]

Creo que la Biblia enseña que vivir por fe abarca dos aspectos: (1) lo que Dios hace, y (2) lo que hacemos en respuesta a lo que Dios hace. Las Escrituras claramente enseñan que somos salvos por gracia a través de la fe y no de obras (Ef. 2:8–9). También, enseña que crecemos en nuestra relación con Cristo por gracia (2 Pedro 3:18).

Por lo tanto, cada aspecto de la salvación y cada aspecto del crecimiento en Cristo implica la gracia de Dios que nos ayuda en el proceso. Sin la gracia de Dios, no tendríamos el deseo de recibir a Cristo o crecer en Él. Todo se lleva a cabo por Dios trabajando en nosotros y otorgándonos el deseo de hacer su voluntad.

Dios claramente cumple su papel al concedernos gracia para crecer en Cristo. Sin embargo, Él no hace todo por nosotros, aunque nos permite y nos concede gracia para todo. Él espera que tengamos un papel en

---

[24] Bill Hull, *The Complete Book of Discipleship: On Being and Making Followers of Christ* (The Navigators Reference Library 1, 2014, NavPress. Kindle Edition), Kindle Locations 718-720.

la aplicación de su gracia. Como se mencionó, se nos ordena, "*Ocúpense en su salvación*." Esto significa que debemos esforzarnos y trabajar con la gracia habilitadora de Dios. Dios espera que hagamos nuestra parte al trabajar con Él, y si no lo hacemos, no lograremos alcanzar la madurez espiritual y permanecer atrofiados en nuestro crecimiento en Cristo.

Es importante comprender la diferencia entre el esfuerzo realizado para ganar la salvación y el esfuerzo ejercido como resultado de la salvación. El esfuerzo ejercido para ganar la salvación es lo que la Escritura llama, un "evangelio falso." El esfuerzo ejercido como resultado de la salvación es lo que las Escrituras llaman "Ocuparnos en nuestra salvación." El esfuerzo, por lo tanto, no gana nuestra salvación, pero es lo que Dios espera de nosotros a medida que desarrollamos nuestra salvación para madurar espiritualmente.

Para aquellos que no entienden el verdadero significado de la gracia, tenderán a descuidar el discipulado ya que lo verán como opuesto a la gracia. Ellos mantendrán una creencia común de que la gracia de Dios significa que Él pasará por alto nuestra falta de obediencia, eliminará las consecuencias de la pereza, y no nos hará responsables de cómo vivimos nuestras vidas y usaremos los talentos que nos da.

Abusando de La Gracia de Dios

Hoy, tendemos a abusar de la gracia de Dios. Se habla mucho entre los cristianos sobre nuestra libertad en Cristo y la gracia de Dios. Para algunos, esto significa que pueden adquirir la salvación y luego vivir como lo deseen. Se jactan de la gracia de Dios y su libertad en Cristo. Asumen que, debido a la gracia de Dios, Él ahora solo le hace un guiño a la pereza espiritual y pasa por alto el pecado. Esto simplemente no es cierto.

La definición bíblica de libertad y gracia es muy diferente de lo que muchos piensan hoy.

El significado bíblico de la libertad es la capacidad que Cristo nos otorga para vencer el pecado, no la libertad de participar en él. Es libertad sobre el pecado, no libertad para pecar. Es la libertad y el poder de hacer lo que debemos, no la libertad de hacer lo que queramos.

El significado bíblico de la gracia se puede definir como la habilitación sobrenatural de Dios que nos ayuda a vivir de tal manera que agrademos a Dios, no la gracia de desobedecer y no ser responsables de las consecuencias del pecado. La gracia de Dios nos da poder para obedecer; no nos da la libertad de desobedecer y escapar de las consecuencias.

Para aquellos que abusan y toman por sentado la gracia de Dios y elevan el perdón sobre la obediencia, pasan por alto un defecto fatal en la vida del rey Saúl. Él siempre abusó sobre la gracia y el perdón de Dios al desobedecer y asumir que Dios simplemente pasaría por alto su pecado. Como resultado, Dios lo removió como rey sobre Israel y le dijo estas duras palabras a través del profeta Samuel:

1 Samuel 15:22–23: *Y Samuel dijo: ¿Se complace el Señor tanto en holocaustos y sacrificios como en la* **obediencia** *a la voz del Señor? Entiende, el* **obedecer** *es mejor que un sacrificio, Y el prestar atención, que la grasa de los carneros. 23 Porque la rebelión es como el pecado de adivinación, Y la* **desobediencia**, *como la iniquidad e idolatría. Por cuanto tú has desechado la palabra del Señor, Él también te ha desechado para que no seas rey.*

A los ojos de Dios, la obediencia le es agradable, más que pedir perdón y abusar de su gracia. Para el creyente que elige vivir casualmente en su obediencia a Dios y desobedece porque toma por sentado con su gracia y perdón, debe hacer una gran pausa. Asumir y abusar de la gracia y el perdón de Dios es un pecado grave ante los ojos de Dios.

La Gracia de Dios No Elimina Las Consecuencias del Pecado

Muchos cristianos confunden la gracia y el perdón del pecado de Dios con la eliminación de las consecuencias. Son funciones muy diferentes. Dios ciertamente perdona y elimina nuestros pecados tan lejos como el este del oeste, pero no elimina necesariamente las consecuencias de ellos.

El rey David es un claro recordatorio de cómo el pecado afecta nuestras vidas. Después de cometer adulterio con Betsabé y asesinar a su esposo, Urías, su vida nunca fue la misma. Perdió la comunión con Dios por un tiempo, perdió al hijo que tuvo de su encuentro adúltero, perdió su autoridad moral, dejó de hablar en contra del pecado en la vida de su familia y nación, permaneció virtualmente impotente como líder espiritual, perdió el poder y perdió el respeto de los demás. Dios lo amó y lo perdonó, pero hubo consecuencias monumentales por su pecado.

Dietrich Bonhoeffer revela una debilidad que ve hoy en el cristianismo que abusa y presume de la gracia de Dios. Es la creencia de que los cristianos pueden ser salvos y luego hacer lo que quieran porque están bajo la gracia. Él contrarresta este entendimiento al afirmar, "La palabra de gracia barata ha sido la ruina de más cristianos que cualquier mandamiento de obras."[25] Bonhoeffer afirma que la verdadera salvación abarcará el discipulado y las obras. Advierte contra la idea de que la salvación se puede lograr aparte de la obediencia y resume tal punto de vista como "gracia

---

[25] Dietrich Bonhoeffer, *The Cost of Discipleship* (SCM Classics, Hymns Ancient and Modern Ltd., Kindle Edition, 2011-08-16), Kindle Locations 770-771.

barata."[26] John MacArthur hace eco de esta misma preocupación cuando dice, "La gracia no otorga permiso para vivir en la carne; suministra poder para vivir en el Espíritu."[27]

Conclusión

El papel del discipulado en la vida de un nuevo creyente es primordial. Es el vehículo por el cual crecerá en Cristo y madurará en su fe. Por lo tanto, debemos alentar y enfatizar fuertemente que los nuevos creyentes se involucren en el discipulado de inmediato. Si no hay una clase formal en su iglesia, podría considerar discipular personalmente a la persona que dirigió al Señor.

También es importante darse cuenta de que el discipulado debe ser una búsqueda de por vida para todos los creyentes. El propósito de Dios para nosotros es que seamos maduros espiritualmente, y el discipulado es el vehículo a través del cual alcanzamos esta madurez.

Sin embargo, algunos cristianos hoy están descuidando el discipulado porque creen que pueden salvarse, pero no seguir a Cristo en obediencia. Quieren ser salvos, escapar del infierno e ir al cielo,

---

[26] Ibid., Kindle Locations 770-771

[27] John MacArthur, *The Gospel According to Jesus* (Grand Rapids, Michigan, Zondervan Publishing House, 1988), p. 31.

pero no quieren hacer de Jesús el Señor de sus vidas. Realmente no les importa alcanzar la madurez espiritual y se contentan con poco o ningún discipulado. ¡Esta es una creencia peligrosa!

Otro factor que contribuye a la falta de discipulado es la creencia de que ejercer el esfuerzo humano no es tan importante o se opone a la gracia de Dios.

Para recursos para el discipulado, hemos escrito dos libros sobre este tema. El primero es el libro principal, y el segundo es la guía de estudio.

- ❖ *Discipulado Bíblico: Principios Esenciales Para Alcanzar la Madurez Espiritual*

- ❖ *Discipulado Bíblico: Principios Esenciales Para Alcanzar la Madurez Espiritual ~ 16 Semanas Guía de Estudio*

Para ver los libros, visita: MinisteriosCasaDeLuz.com

Capítulo 10

Siete Maneras En Que Dios Se Revela

¿Cómo Se Ha Revelado Dios a Los No Salvos y Qué Saben de Él?

Dios es un Dios que se revela a sí mismo y se ha revelado a sí mismo y a ciertas verdades para toda persona racional. La Biblia describe cuatro verdades universales que Dios ha dado para hacerse conocer a todos, y tres formas en que se ha dado a conocer también a la mayoría de las personas. Como resultado, Dios declara que no tienen excusa en su conocimiento de ciertas verdades.

¿Cuáles son estas verdades universales que Dios ha dado para revelarse a cada persona? Creo que descubrirá que después de leer este capítulo, se sentirá increíblemente animado y fortalecido para compartir el Evangelio.

1. Dios Se Ha Revelado a Todos a Través de La Creación

Dios no deja ninguna duda de que hace conocer a cada persona ciertas verdades acerca de sí mismo para que no tengan excusa. Note la claridad con la que Dios se revela en estos versículos:

Romanos 1:18–21: *Porque la ira de Dios se **revela desde el cielo** contra toda impiedad e injusticia de los hombres, que **con injusticia** restringen **la verdad**. 19 **Pero lo que se conoce acerca de Dios es evidente dentro de ellos, pues Dios se lo hizo evidente.** 20 Porque desde la creación del mundo, Sus atributos invisibles, Su eterno poder* *y divinidad, se han visto con toda claridad, siendo entendidos por medio de lo creado, de manera que ellos **no tienen excusa.** 21 Pues aunque **conocían a Dios**, no lo honraron como a Dios ni le dieron gracias, sino que se hicieron vanos en sus razonamientos y su necio corazón fue entenebrecido.*

Este pasaje comienza afirmando que Dios revela ciertas verdades a todas las personas.

Teológicamente, podemos dividir cómo Dios se ha revelado en dos categorías: (1) Revelación General y (2) Revelación Especial.

La *Revelación General* trata con verdades generales acerca de Dios encontradas en la creación e incrustadas en nuestros corazones. Podemos mirar a nuestro alrededor, mirar al cielo y ver claramente que Dios existe, es eterno, poderoso, omnipresente, omnisciente, y posee atributos divinos. Basado en esta *Revelación General*, Dios hará responsables a todos de cómo responden a ella.

La *Revelación Especial* trata de los detalles del conocimiento de Dios revelados en la Biblia, que es la Palabra de Dios.

Dios comienza Romanos 1:18–21, declarando que revela la verdad acerca de su ira contra la impiedad y la injusticia para aquellos que reprimen esta verdad. Tenga en cuenta que aquellos que rechazan esta revelación están eligiendo suprimirla. Suprimir significa retener algo, disminuir su importancia, ocultarlo o encubrirlo. Por lo tanto, todos saben acerca de la ira de Dios contra el pecado, y aunque lo saben de manera inherente, algunos optan por suprimirlo.

Dios continúa y declara que ciertos aspectos de la *Revelación General* son revelados por Dios mismo: *"Pero **lo que se conoce acerca de Dios es evidente dentro de ellos, pues Dios se lo hizo evidente.**"* Dios mismo es quien revela directamente y hace que este conocimiento sea evidente para todos.

¿Cuál es una de las formas claras en que Dios se da a conocer a todos? A través de la creación. Dios ha dado a conocer varios de Sus atributos a través de lo que ha hecho: *"Su poder eterno y su naturaleza divina **se han visto claramente**, se han entendido **a través de lo que se ha hecho**.*" Estos atributos no son confusos y se ven claramente. No hay incertidumbre aquí. Dios ha dejado algunos de sus atributos increíblemente claros para todos, por lo que nadie está sin este conocimiento. Pueden suprimirlo, pero todavía está incrustado dentro de ellos y es claramente conocido.

Entonces Dios hace una declaración poderosa: *"Para que no **tengan excusa**.*" Ninguna persona racional puede afirmar que no sabe acerca de Dios y algunos de sus atributos. La única forma en que tendrían una excusa es si Dios fallara en revelarles estas verdades, y esa no es una posibilidad. Dios se encarga de revelar estas verdades a todos, y como resultado, no tienen excusa.

Para aquellos que conocen la verdad sobre la existencia de Dios, su ira contra el pecado y algunos de sus atributos, pero rechazan esta revelación, Dios nos dice lo que sucede en el fondo de sus corazones: *"Porque a pesar de que conocían a Dios, no lo honraron como Dios ni dieron gracias, sino que se volvieron **inútiles en sus especulaciones**, y su **corazón necio se oscureció**."*

Está claro que aquellos que rechazan a Dios saben de Él. El problema no es su conocimiento de Dios y su revelación sobre su existencia, ira y atributos, sino que no lo honran y eligen rechazar su revelación. Como resultado, *"Se volvieron **inútiles en sus especulaciones**, y su **corazón necio se oscureció**."*

Según Dios, no existe un ateo. Simplemente no existen. Pueden afirmar ser ateos, pero no lo son. Una vez más, la única forma en que podrían ser sería si Dios no se revelara a ellos, pero sabemos que esto no es una posibilidad. Por lo tanto, no hay verdaderos ateos. En lo más profundo de sus corazones, saben que hay un Dios y que Él está disgustado con su pecado.

¿Cómo se aplica esto al compartir el evangelio con los no salvos, y especialmente aquellos que afirman que no creen en Dios? Simplemente puede estar seguro de que saben de Dios y están suprimiendo este conocimiento. Además, puede llevarlos a Romanos 1:18–32, para mostrarles que realmente conocen a Dios.

No hay nada como la Palabra de Dios para hablar al corazón de los no salvos.

2. Dios Ha Incrustado El Conocimiento del Bien y del Mal En El Corazón de Todos

Cuando Dios creó a cada persona, tejió dentro de su ADN el conocimiento de sí mismo y su ley del bien y el mal:

Romanos 2:14–15: *Porque cuando los gentiles, **que no tienen la ley**, cumplen por instinto los dictados de la ley, ellos, no teniendo la ley, **son una ley para sí mismos**. 15 Porque **muestran la obra de la ley escrita en sus corazones**, su conciencia dando testimonio, y sus pensamientos acusándolos unas veces y otras defendiéndolos.*

Además de la revelación a todos de que Dios existe, ha escrito una ley del bien y del mal en el corazón de cada persona.

Estos versículos revelan que cuando una persona que no tiene la Palabra de Dios (revelación especial), pero hace lo correcto, lo hace instintivamente debido a la ley del bien y del mal incrustada en su corazón, ya que *"Muestra la obra de la ley **escrita en sus corazones**."*

¿Cómo adquirieron esta ley escrita en sus corazones? ¿De dónde vino? ¿Y toda persona racional posee esta ley? Dios dice que Él es quien ha escrito la ley del bien y el mal en el ADN de cada persona. Por lo tanto, todos tienen esta ley escrita en sus corazones porque Dios la ha escrito y colocado en el interior de cada persona.

Ahora una persona puede suprimir esta ley y elegir hacer lo que está mal, pero eso no borra el hecho de que sabe que está haciendo mal.

¿Cómo se relaciona esto con compartir el evangelio con los no salvos? Podemos estar seguros de que además de que todos sepan que Dios existe, también saben que son pecadores. Por lo tanto, debido a que este conocimiento está en sus corazones, no tenemos que trabajar duro para convencerlos de que son pecaminosos.

Ahora, si bien es importante aclarar su comprensión de que son pecaminosos mostrándoles versículos de las Escrituras como los Diez Mandamientos, etc., sin embargo, como se mencionó, saben de manera inherente que han pecado y que incurrirán en la ira de Dios como resultado: "*Porque la ira de Dios **se revela desde** el cielo contra toda impiedad e injusticia de los hombres que reprimen la verdad en la injusticia*" (Rom. 1:18).

3. Dios Ha Dado a Todos Una Conciencia

Además de que Dios se revela a través de la creación y escribe Su ley del conocimiento del bien y del mal en el corazón de todos, también le ha dado a cada persona racional una conciencia.

Romanos 2:14–15: *Porque cuando los gentiles, que no tienen la ley, cumplen por instinto los dictados de la ley, ellos, no teniendo la ley, son una ley para sí mismos. 15 Porque muestran la obra de la ley escrita en sus corazones,* **su conciencia dando testimonio, y sus pensamientos acusándolos unas veces y otras defendiéndolos.**

¿Qué es nuestra conciencia? Es otro tipo de ley que Dios nos ha dado que nos acusa o defiende, dependiendo de nuestras acciones. En cierto sentido, es la voz divina de Dios en nuestros corazones lo que nos habla. A veces nuestra conciencia nos acusará de algo que hemos hecho mal, y otras veces nos defiende, y nos sentimos bien con lo que hemos hecho.

Por ejemplo, si mentimos o robamos, nuestra conciencia nos condena y sabemos que hemos hecho mal. En otras ocasiones, si ayudamos a alguien que lo necesita, haciendo una buena obra, orando, leyendo nuestras Biblias, obedeciendo al Señor, y así sucesivamente, nuestra conciencia nos dice: "¡Buen trabajo!" y nosotros, por lo tanto, nos sentimos bien por dentro.

Cuando una persona rechaza a Dios, su conciencia levanta la voz y lo condena. No importa cómo traten de justificarse y disculparse, todavía tienen la pequeña voz dentro de ellos que los hace sentir culpables y malos.

Ahora es cierto que, al ignorar repetidamente

nuestra conciencia, elegir hacer el mal y rechazar a Dios, nuestra conciencia puede convertirse en lo que la Biblia llama, cauterizar:

1 Timoteo 4:1–2: *El Espíritu dice claramente que en los últimos tiempos algunos se apartarán de la fe, prestando atención a espíritus engañadores y a doctrinas de demonios, 2 mediante la hipocresía de mentirosos que tienen* ***cauterizada la conciencia***.

¿Qué es una conciencia cauterizada y qué tiene que ver con un hierro para marcar? Para entender este término, necesitamos entender el ganado y la ganadería. Pregúntele a cualquier ganadero, y le dirán de inmediato qué hace un hierro para marcar cuando se aplica al cuero de una vaca. Se rasga y mata todas las terminaciones nerviosas de la piel al quemarlas.

Cuando se aplica a las personas, una conciencia cauterizada es una persona que ha desensibilizado su conciencia al desobedecerla repetidamente y hacer algo malo. Tienen las terminaciones nerviosas de su conciencia chamuscadas y han perdido sus sentimientos por lo correcto y lo incorrecto.

Ahora debemos ser claros; el hecho de que su conciencia esté chamuscada no significa que todavía no tengan una. Todavía existe, pero simplemente no la escuchan. Se han acostumbrado a ignorar y reprimir la voz de su conciencia dada por Dios. Han optado por suprimir a Dios, y se sienten cómodos y se ponen en su

camino de desobediencia y rechazo de Dios, su
Creador, quien se ha revelado claramente a ellos.

Una persona con una conciencia cauterizada es una
persona de corazón duro. Son como la persona en la
parábola del sembrador. Cuando la semilla de la
Palabra de Dios cae en su suelo, su corazón es tan duro
que lo rechazan, y Satanás viene y lo arrebata. Personas
como esta necesitan advertencias firmes y nuestra
paciencia para sembrar la semilla de la Palabra de Dios
en sus corazones, con la esperanza de que crezca y
arraigue.

¿Cómo se aplica esto a nosotros cuando
compartimos el evangelio? Una vez más,
independientemente de lo que una persona diga sobre
su creencia en Dios y lo correcto y lo incorrecto, tiene
una conciencia que Dios le ha dado, lo que demuestra
el hecho de que sabe que hay un Dios y que es pecador.

4. Dios Convence a Todos del Pecado a Través de Su Espíritu

Dios también revela y habla a cada persona a través
del Espíritu Santo:

Juan 16:7–11: *Pero Yo les digo la verdad: les conviene
que Yo me vaya; porque si no me voy, el Consolador no
vendrá a ustedes; pero si me voy, se lo enviaré. 8 Y cuando Él
venga, **convencerá al mundo de pecado**, de **justicia** y de
juicio; 9 de pecado, porque no creen en Mí; 10 de justicia,
porque Yo voy al Padre y ustedes no me verán más; 11 y de*

juicio, porque el príncipe de este mundo ha sido juzgado.

Además de las otras formas en que Dios se ha revelado, también está hablando a todos en el mundo en un sentido general a través del Espíritu Santo. El Espíritu de Dios hace tres cosas en el corazón de toda persona que no es salva: (1) la convence de pecado (2) la convence de su falta de justicia y (3) la condena de juicio debido a su pecado.

Estas obras convincentes de Dios en la vida de toda persona no salva, coinciden con sus otras obras en su corazón para aumentar y dar mayor peso a su pecado de rechazarlo.

A medida que vemos cada forma adicional en que Dios se revela a cada persona, vemos un caso en contra de ellos cada vez más fuerte. Cada revelación y obra adicional que Dios hace significa que los no salvos son cada vez más culpables. Dios no será condenado de ninguna manera el día del juicio por enviar a los no salvos al infierno. Él ha hablado de muchas maneras, pero los no salvos le han dado la espalda y han puesto su corazón pecaminoso contra Él.

Uno de los propósitos que Dios tiene al revelarse de tantas maneras a los no salvos es: "***Toda boca puede estar cerrada*** *y* ***todo el mundo*** *puede rendir cuentas a Dios*" (Rom. 3:19).

¿Cómo nos afecta la verdad de que el Espíritu Santo está convenciendo al mundo de pecado, justicia, y juicio cuando compartimos el evangelio con los no salvos? Podemos estar seguros de que Dios los está condenando por el pecado, trabajando en sus corazones, y ministrando a ellos mientras hablamos Su verdad en sus vidas.

En resumen, estas cuatro verdades universales que acabamos de ver se aplican a todos y son absolutas. Son verdades que Dios ha revelado a todos.

5. Dios Se Ha Revelado a Muchos a Través de Las Escrituras

Las siguientes tres formas en que Dios se ha revelado a sí mismo no son universales como las cuatro primeras, pero se aplicarían a la gran mayoría de las personas.

Si bien todavía hay grupos de personas no alcanzadas que aún no han escuchado la Palabra escrita de Dios, la gran mayoría del mundo ha escuchado algo sobre la Biblia. Con el avance de la tecnología, los esfuerzos misioneros e Internet, la mayoría de las personas de hoy tienen algún conocimiento de la Palabra de Dios.

La Palabra de Dios es única, y a diferencia de cualquier literatura escrita que exista. Es viva, y ningún otro libro es así. Dios habita su Palabra y habla a través de ella:

Hebreos 4:12–13: *Porque la palabra de Dios es **viva** y **eficaz**, y más **cortante** que cualquier espada de dos filos. Penetra hasta la división del alma y del espíritu, de las coyunturas y los tuétanos, y es poderosa para **discernir** los pensamientos y las intenciones del corazón. 13 No hay cosa creada **oculta** a Su vista, sino que todas las cosas están al **descubierto** y desnudas ante los ojos de Aquel a quien **tenemos que dar cuenta.***

Varios hechos sorprendentes se destacan en este versículo: La Palabra de Dios es viva, es activa, es penetrante y juzga. Además, nadie podrá esconderse de Dios que ha escrito su Palabra y a quien debemos rendir cuentas al final.

Isaías 55:10–11: *Porque como descienden de los cielos la lluvia y la nieve, Y no vuelven allá sino que riegan la tierra, Haciéndola producir y germinar, Dando semilla al sembrador y pan al que come, 11 Así será **Mi palabra** que sale de Mi boca **No volverá a Mí vacía** Sin haber **realizado lo que deseo**, Y **logrado el propósito** para el cual la envié.*

La Palabra de Dios es única porque su Autor es único. Es poderoso y logrará lo que Dios pretendió.

Fue por la Palabra de Dios que el universo llegó a existir, y a Jesucristo también se le llama la "Palabra." Por lo tanto, la Palabra de Dios es poderosa. Él la habita, y juzgará a cada persona no salvo por ella.

¿Qué Pasa Con Los Que No Saben Nada de La Biblia?

Ahora, para aquellos que no saben nada de la Biblia, ¿cómo los juzgará Dios el día del juicio? Creo que Romanos 2:14-16, proporciona la respuesta: *"Porque cuando los gentiles, que no tienen la ley, cumplen por instinto los dictados de la ley, ellos, no teniendo la ley, son una ley para sí mismos. 15 Porque muestran la obra de la ley escrita en sus corazones, su conciencia dando testimonio, y sus pensamientos acusándolos unas veces y otras defendiéndolos, 16 el día en que, según mi evangelio, **Dios juzgará los secretos de los hombres** mediante Cristo."*

Dios hará responsables a los que no tienen conocimiento de Su Palabra por la luz que les ha dado. ¿Qué es esta luz?

1. Su conocimiento de Él a través de la creación (Rom. 1:18-21).

2. La ley del conocimiento del bien y del mal escrita en sus corazones (Rom. 2:14-15).

3. La conciencia que Dios les dio (Rom. 2:14-15).

4. La obra del Espíritu Santo convenciéndolos de pecado, falta de justicia, y juicio por venir (Juan 16:7-11).

Creo que la forma en que una persona responde a Dios en función de la luz que recibe dependerá de cómo Dios la juzgue. Para aquellos que solo tienen la luz de la *Revelación General*, solo serán juzgados por esa luz. Para aquellos que tienen la luz adicional de una *Revelación Especial*, también serán juzgados por esa luz, que será un estándar mucho más estricto.

¿Cómo nos afecta el hecho de que Dios usa poderosamente Su Palabra al compartir el evangelio? Podemos tener plena confianza en que, al compartir las Escrituras, Dios está hablando a través de Su Palabra en el corazón de los no salvos. Él habita en Su Palabra y trabaja simultáneamente con nosotros mientras compartimos las Escrituras.

Por esta razón, sugiero usar la Palabra de Dios lo antes posible en nuestras conversaciones con los no salvos. Debemos entender que podríamos pasar horas y horas involucrados en tratar de combatir la evolución, el ateísmo, la incredulidad, etc. Tenga en cuenta que nuestra sabiduría humana no es rival para el poder de Dios y su Palabra en el corazón de los no salvos para convencerlos y condenarlos por estas verdades inherentes.

Cuando hablamos palabras humanas, son solo eso, palabras humanas. Sin embargo, cuando usamos la Palabra de Dios, junto con nuestras palabras y testimonio al compartir el evangelio, ¡el impacto se dispara! Entonces, use la Palabra de Dios lo antes posible al responder cualquier pregunta que pueda surgir de los no salvos, incluso su negación de la existencia de Dios, etc.

6. Dios Se Ha Revelado a Través del Testimonio y La Existencia de La Iglesia

Cristo dijo que Él edificaría Su iglesia, y las puertas del infierno no podrían oponerse a ella. La iglesia verdadera y viva es algo que nació de Cristo, sostenida por Cristo, y utilizada por Cristo. Es un organismo vivo que habla en voz alta al mundo sobre la existencia de Dios y la autenticidad de sus verdaderos seguidores.

Lea de nuevo las palabras de Cristo sobre Su iglesia y el poder y la presencia que tiene en el mundo:

Mateo 16:13–18: *Cuando Jesús llegó a la región de* **Cesárea de Filipo**, *preguntó a Sus discípulos:* **¿Quién dicen los hombres que es el Hijo del Hombre?** *14 Y ellos respondieron: Unos, Juan el Bautista; y otros, Elías; pero otros, Jeremías o alguno de los profetas. 15 Y ustedes, ¿quién dicen que soy Yo?, les preguntó Jesús. 16 Simón Pedro respondió:* **Tú eres el Cristo, el Hijo del Dios viviente**. *17 Entonces Jesús le dijo: Bienaventurado eres, Simón, hijo de Jonás, porque esto no te lo reveló carne ni sangre, sino Mi Padre que está en los cielos. 18 Yo también te digo que tú eres Pedro,* **y sobre esta roca edificaré Mi iglesia**; *y las puertas del Hades* **no prevalecerán contra ella.**

La ubicación de la declaración de Cristo ocurrió en un lugar llamado Cesárea de Filipo. Pocos otros lugares en las Escrituras proporcionan tanto significado al comprender la ubicación.

1. Cesárea de Filipo era una impresionante ciudad grecorromana cerca de un enorme manantial que

sale de una cueva y es una de las principales fuentes del Río Jordán.

2. Está a unas 48 km. al norte del Mar de Galilea y está en las estribaciones del Monte Hermón.

3. Se asoció con una intensa adoración a los falsos dioses y al mal durante muchos años.

4. Cerca, el rey Jeroboam levantó un becerro de oro y ordenó a todos los israelitas en esta área que lo adoraran.

5. La adoración a Baal tuvo lugar aquí durante el período de los reyes de Israel.

6. Más tarde, bajo los griegos, se convirtió en el lugar clave de culto al dios de la fertilidad, Pan. Pan era una criatura mitad humana, mitad cabra.

7. Entonces los romanos lo incorporaron a un lugar de adoración a falsos dioses también.

8. Cesárea de Filipo se llamaba originalmente Panias, en honor al dios griego Pan. Más tarde se hizo conocido como Banias.

9. El hijo de Herodes el Grande, Felipe, la estableció como la capital de su territorio y la llamó Cesárea para honrar al emperador de Roma. Se convirtió en una gran ciudad romana floreciente.

10. Era conocido como Cesárea de Filipo para distinguirlo de otras ciudades que llevan el nombre de César.

11. Durante el tiempo de Cristo, hubo cinco áreas principales de adoración a dioses falsos que tuvieron lugar allí.

- Herodes el Grande construyó un templo justo en la boca de esta gran fuente 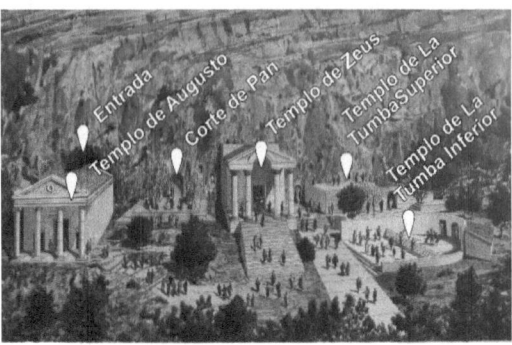 para honrar a Augusto César.
- Un área de patio para el culto a Pan.
- Un templo dedicado al dios falso, Zeus.
- Un templo de la tumba superior de las cabras danzantes.
- Un Templo de la Tumba inferior de las cabras danzantes.

12. Era un lugar de culto mundial para numerosos dioses falsos.
13. Fue literalmente considerado la "Puerta del Inframundo" por el mundo conocido en ese momento.
14. Los niños serían arrojados vivos a la entrada de la cueva como un sacrificio al dios de Pan, creyendo que esto apaciguaría a los dioses y daría fertilidad a sus cultivos.
15. Algunos incluso creen que los hombres se aparearían con cabras en el patio de Pan y en los templos de las tumbas en actos rituales de fertilidad, creyendo que esto ayudaría a sus

cultivos. También tendrían cabras apareándose con cabras también en estas áreas.

16. Era un pozo negro del mal y representaba a lo peor de Satanás, y la humanidad pecadora podía ofrecerlo.

17. Los discípulos se sentían muy incómodos al venir a este lugar tenebroso, demoníaco y oscuro, y ningún buen judío hubiera considerado siquiera venir aquí.

18. Sin embargo, Jesús trajo a propósito a Sus discípulos aquí para incrustar en sus corazones la verdad imperativa de quién era Él, cuál sería la misión de Su iglesia y el asombroso poder que Su iglesia tendría sobre el mal a través de Él.

Para comprender adecuadamente el significado de este pasaje, debemos entender la gran pregunta que Cristo hizo y el propósito por el cual lo hizo.

La pregunta era sobre quién era Cristo, Su identidad y Su esencia. En contraste con todos los dioses falsos que se adoran en este sitio, Cristo estableció que Él era El único Dios verdadero y vivo que debe ser adorado.

Cesárea de Filipo

Las siguientes son verdades clave que deben entenderse para comprender lo que Cristo pretendía comunicarnos a través de este pasaje.

La Confesión de Pedro Fue Una Revelación Directa de Dios

Mateo 16:17: *Entonces Jesús le dijo: Bienaventurado eres, Simón, hijo de Jonás, **porque esto no te lo reveló carne ni sangre, sino Mi Padre que está en los cielos.***

Cristo Edificará Su Iglesia

Mateo 16:18: *Yo también te digo que tú eres Pedro, y sobre esta roca **edificaré Mi iglesia**; y las puertas del Hades no prevalecerán contra ella.*

Este pasaje ha tenido dos interpretaciones principales a lo largo de la historia de la iglesia. La iglesia Católica Romana afirma que la roca sobre la cual Cristo edificará Su iglesia es Pedro, sobre la cual edifican el papado. Los evangélicos afirman que la roca es Cristo, según la confesión de Pedro.

Evidencia de Que La Roca Es Cristo, No Pedro:

- Cristo usó la palabra petros (piedra pequeña) al describir a Pedro. Usó la palabra petra (roca grande) para describir sobre quién edificaría Su iglesia. Cristo ciertamente no construiría Su iglesia sobre una piedra pequeña.

- Cristo no dijo que edificaría Su iglesia sobre Pedro porque dice: "Sobre esta roca." Él no le dijo a Pedro:

"Sobre ti."

- Pedro tuvo tres fallas significativas en su vida de ministerio: (1) en Mateo 16:23, poco después de la

El Corte a Los Dioses Falsos

confesión de Pedro de quién era Cristo, Cristo reprendió a Pedro y le dijo, "*Apártate de mí, Satanás*" (2) Pedro negó a Cristo poco antes de Su crucifixión (3) Pablo reprendió a Pedro en Gálatas 2:11, delante de todos por un asunto serio con respecto al evangelio. Cristo ciertamente no construiría Su iglesia sobre un humano frágil.

- Cristo se conoce como la piedra angular y el fundamento de la iglesia.

- Pedro entendió que él no era la roca sobre la cual Cristo edificaría Su iglesia porque declara en 1 Pedro 2:4-6:

    *Y viniendo a Él, como a una piedra viva, desechada por los hombres, pero escogida y preciosa delante de Dios, 5 también ustedes, como piedras vivas, sean edificados como casa espiritual para un sacerdocio santo, para ofrecer sacrificios espirituales aceptables a Dios por medio de Jesucristo. 6 Pues esto se encuentra en la Escritura **Yo, pongo en Sión una piedra** escogida, una* *preciosa piedra angular, Y el que crea en Él no será avergonzado.*

La roca sobre la cual se construye la iglesia es Cristo, la piedra angular.

Las Puertas del Infierno No Prevalecerán Contra La Iglesia de Cristo

Mateo 16:18:
Yo también te digo que tú eres Pedro, y sobre esta roca edificaré Mi iglesia; y ***las puertas del Hades no prevalecerán contra ella.***

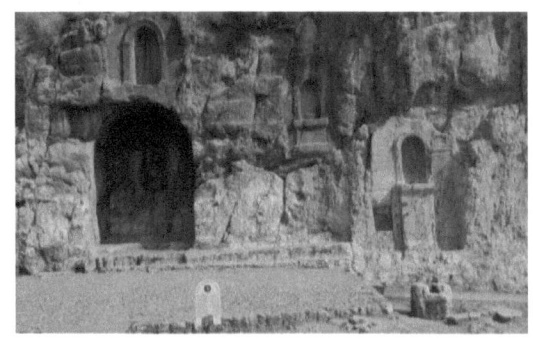

El Corte de Pan

- Cristo llevó a sus discípulos a este malvado lugar pagano para mostrarles que Su iglesia sería tan poderosa que las puertas del infierno no podrían prevalecer o enfrentarse a ella.

- Las puertas se usaron en el mundo antiguo con fines defensivos. Se usaban para evitar que un enemigo entrara en un lugar determinado.

- Esto significa que la iglesia está a la ofensiva, y las puertas del infierno no podrán resistir su entrada y poder.

- Al contrario de lo que algunos podrían creer, la

iglesia no está en defensa en un modo estacionario que se mantiene firme.

- Dios ha diseñado Su iglesia para estar en el mundo, pero no de él. Esto significa que deberíamos estar involucrados en influir en el mundo para Cristo, no en retirarnos y escondernos de él.

- Cristo quiere que Su iglesia se involucre en la sociedad y llegue a cada rincón oculto de ella para Él.

¿Cómo nos afecta el hecho de que la iglesia de Cristo existe hoy cuando compartimos el evangelio? Su existencia es un testigo que proporciona evidencia y validez a la esencia del evangelio. La iglesia es idea de Dios y no de la humanidad. Nació en Su corazón, nacido por Su Espíritu, y hoy es guiado por Su poder.

Ahora, comprensiblemente, hay muchas iglesias falsas. ¿Por qué es así? Satanás conoce el poder de la iglesia, por lo que crea iglesias falsas a través de falsos profetas en un intento de corromper la iglesia, contaminar el evangelio, y confundir a los no salvos.

Satanás también desea dañar el testimonio de la verdadera iglesia de Cristo, y desafortunadamente, ha tenido éxito. Algunas iglesias tienen un pobre testimonio y, por lo tanto, dañan el testimonio de la iglesia de Cristo. Esta es solo una triste realidad que sucede como resultado de un liderazgo pecaminoso y seguidores que eligen seguir su naturaleza pecaminosa en lugar del Espíritu Santo.

Sin embargo, la verdadera iglesia es poderosa y da testimonio a los no salvos de que Dios existe, y sus verdaderos seguidores han sido cambiados por Su Espíritu.

7. Dios Se Ha Revelado a Través de Vidas Cambiadas

Nadie puede discutir racionalmente contra el testimonio de un creyente. El hecho de que miles de millones de cristianos a lo largo de la historia, y hoy, hayan sido cambiados por Cristo es una evidencia abrumadora del poder y la verdad de Cristo. Esta realidad habla en voz alta a los no salvos y es otra forma en que Dios se ha revelado al mundo. Él vive y se manifiesta a través de las vidas y las palabras de sus seguidores.

Muchas personas no salvas tienen familiares, amigos y conocidos que son seguidores de Cristo. Estos proporcionan a los no salvos un testimonio claro de la existencia y la capacidad de Cristo para cambiar vidas.

El poder del testimonio de un creyente es probablemente uno de los factores más pasados por alto al compartir el evangelio. El apóstol Pablo entendió el poder de su testimonio y lo compartió en seguida (Hechos 9:26–30, Hechos 22, Hechos 26).

Nuestro testimonio es una forma maravillosa de comunicar lo que Dios ha hecho en nuestras vidas. Es real, es interesante, y no puede ser discutido por una persona racional. También es una de nuestras herramientas más importantes para relacionarse con los no salvos.

A veces, los no salvos tienen la idea de que los creyentes nacieron como son. Que acaban de abandonar el cielo ya salvados y creyendo lo que creen. Nuestros testimonios nos colocan en el mismo nivel que los no salvos y les permiten ver que alguna vez fuimos como ellos.

Por lo tanto, creo que Dios desearía que cada creyente pudiera compartir su testimonio en una versión larga y condensada. También deberían poder relatar eventos recientes de oraciones contestadas o cosas que Dios ha hecho por ellos. Esto hace que Dios sea real y se revela ante la vida del no creyente.

Consejos Para Compartir Su Testimonio

1. Escriba Su Testimonio

Este podría ser uno de los factores más importantes para dar un testimonio claro, conciso, e impactante. Después de escribirlo, memorízalo. Esto le permitirá poder darle una versión corta o larga. También puede escribirlo en forma de esquema.

2. Ore

Pídele a Dios que hable al corazón de la persona con quien está compartiendo el evangelio.

3. Tenga Cuidado Con Su Terminología

Intenta evitar los términos cristianos y ambiguos. A veces podemos usar palabras religiosas que tienen sentido para nosotros pero que son como un idioma extranjero para los no salvos.

4. Glorifique a Dios y No a Si Mismo

Recuerde, su testimonio es sobre lo que Cristo ha hecho por usted. Esto debería mostrarse en su voz, acciones, y expresiones faciales.

5. Comparte Cómo Cristo Ha Cambiado Su Vida

Hable de su relación con Cristo. Haga una comparación de cómo solía ser y qué ha cambiado desde que el Salvador entró en su vida. Es mejor presentar una historia clara y breve en lugar de un relato de toda su vida. Enfatice los puntos principales y no se pierda en demasiados detalles. La gente solo se quedará consigo un cierto tiempo, así que no haga su testimonio muy largo.

Conclusión

Dios se ha revelado a cada persona racional de cuatro maneras universales: (1) a través de la creación (2) escribiendo sus leyes del bien y el mal en sus corazones (3) dándole a cada persona una conciencia, y (4) a través del Espíritu Santo convenciéndolos de pecado, falta de justicia, y juicio por venir.

Además, se ha revelado a la gran mayoría de las personas de tres maneras: (1) a través de Su Palabra (2) a través de la iglesia, y (3) a través de los testimonios y las vidas cambiadas de los seguidores de Cristo.

Al compartir el evangelio, podemos dar por sentado las verdades anteriores y no necesitamos pasar horas interminables tratando de convencer a alguien de algo en lo que dicen que no creen, pero en realidad conocen, porque Dios se lo ha revelado y lo incrustó en sus corazones.

Sí, está bien usar nuestra sabiduría y lógica humana, sin embargo, debemos movernos lo más rápido posible para usar la Palabra de Dios porque ahí es donde reside el poder y la convicción. Dios habita Su Palabra y la usará en el corazón de los no salvos para ministrar y hablarles.

Capítulo 11

Cuatro Excusas Principales Los No Salvos Usan En Contra del Evangelio

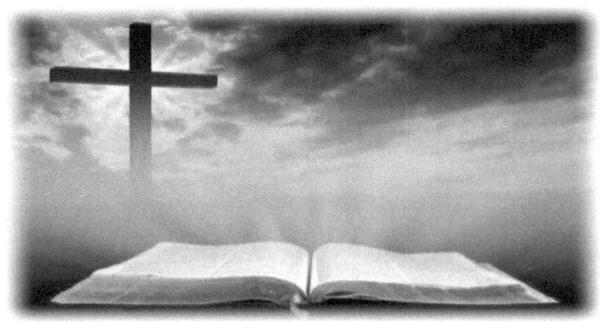

Capítulo 11: Cuatro Excusas En Contra del Evangelio

Los siguientes son cuatro obstáculos principales que los no salvos a menudo plantean cuando se comparte el evangelio con ellos.

1. No Creo En Dios, o No Estoy Seguro de Que Exista

Este obstáculo es utilizado comúnmente por los no salvos. Como se mencionó anteriormente, según Dios, no existe un ateo. Dios se ha revelado a cada persona racional, por lo que no tiene excusa. Esta revelación es a lo que nos hemos referido como *Revelación General* y es cómo Dios revela a todos las verdades generales sobre sí mismo:

Romanos 1:18–21: *Porque la ira de Dios **se revela desde el cielo** contra toda impiedad e injusticia de los hombres, que con injusticia **restringen la verdad**. 19 Pero lo que **se conoce acerca de Dios es evidente dentro de ellos, pues Dios se lo hizo evidente**. 20 Porque desde la creación del mundo, Sus atributos invisibles, Su eterno poder y divinidad, se han visto con toda claridad, siendo entendidos por medio de lo creado, de manera que ellos **no tienen excusa**. 21 Pues **aunque conocían a Dios**, no lo honraron como a Dios ni le dieron gracias, sino que se hicieron vanos en sus razonamientos y su necio corazón fue entenebrecido.*

Si alguien usa esta excusa, es mejor llevarlo a este pasaje de la Biblia y mostrarle que realmente sabe en el fondo de su corazón que Dios existe.

También puede usar los siguientes versículos para mostrarle que Dios también se ha revelado a él al escribir Su ley de lo correcto y lo incorrecto en su corazón y se le ha dado una conciencia:

Romanos 2:14–16: *Porque cuando los gentiles,* **que no tienen la ley,** *cumplen por instinto los dictados de la ley, ellos, no teniendo la ley,* **son una ley para sí mismos.** *15 Porque* **muestran la obra de la ley escrita en sus corazones,** *su conciencia dando testimonio, y sus pensamientos acusándolos unas veces y otras defendiéndolos, 16 el día en que, según mi evangelio, Dios juzgará los secretos de los hombres mediante Cristo Jesús.*

2. No Creo En La Biblia, o Creo Que Se Ha Cambiado Con Los Años y No Es Confiable

Otra excusa que usarán los no salvos es la veracidad y confiabilidad de la Biblia. Incluso si creen en Dios, a menudo atacarán la Biblia. Las siguientes son siete formas de defender la veracidad de las Escrituras.

Los Rollos del Mar Muerto

Una excelente manera de defender la Biblia es usando la evidencia de los Rollos del Mar Muerto. Los siguientes son algunos hechos increíbles sobre este descubrimiento:

1. Alrededor de 1947, los pastores beduinos cuidaban sus cabras y ovejas cerca del antiguo asentamiento de Cumrán, cerca del Mar Muerto en Israel. Uno de los jóvenes pastores arrojó una piedra a una cueva y escuchó un eco. Más tarde, él y sus amigos

subieron a la cueva y encontraron una gran colección de vasijas de barro, siete de las cuales contenían rollos de cuero y papiro. Un comerciante de antigüedades de Belén compró los pergaminos, que luego terminaron en posesión de numerosos estudiosos que estimaron que los manuscritos tenían más de 2,000 años. Después de que se hizo pública la noticia del descubrimiento, los cazadores de tesoros y arqueólogos beduinos descubrieron decenas de miles de fragmentos de pergaminos adicionales de 10 cuevas cercanas.

2. Los pergaminos fueron descubiertos en once cuevas entre los años de 1947 y 1956. Los manuscritos están numerados de acuerdo con las cuevas en las que se encontraron.

3. Hay alrededor de 972 manuscritos que se han encontrado hasta la fecha. El más largo es de 26 pies (8 m.).

4. Incluyen fragmentos de cada libro del Antiguo Testamento, excepto el Libro de Ester (Ester pudo haberse perdido o descompuesto debido al tiempo o podría haber sido dañado por los pastores beduinos).

5. Los escritos consisten en manuscritos bíblicos y otros escritos religiosos que circularon durante la era del Segundo Templo (516 A.C. a 70 D.C.). Alrededor de 230 de los manuscritos se conocen

como rollos bíblicos. Sin embargo, muchos de los manuscritos estaban fragmentados y tuvieron que ser ensamblados.

6. El Rollo de Isaías, que se encuentra relativamente intacto, es 1,000 años más antiguo que cualquier copia conocida de Isaías, y los otros rollos son el grupo más antiguo de manuscritos del Antiguo Testamento que se haya encontrado.

7. Sorprendentemente, los manuscritos bíblicos son prácticamente idénticos a los manuscritos que tenemos hoy del Antiguo Testamento. Esto demuestra la capacidad de Dios para preservar Su Palabra a través de los siglos.

Los rollos del Mar Muerto eran las mismas escrituras que usaron Cristo y los apóstoles. Esto da validez a su precisión:

1. Cristo dio plena validez a la autoridad y precisión de la Escritura y usó cada sección de ella en sus enseñanzas. Él repetidamente dijo: *"Para que se cumpla," "Está escrito," "¿No has leído?"* etc.

2. Cristo usó el Antiguo Testamento para explicar Su propósito en la tierra: *"Y comenzando con Moisés y todos los Profetas, les explicó lo que se decía en **todas las Escrituras** acerca de sí mismo"* (Lucas 24:27)

3. En el Nuevo Testamento hay 850 citas o referencias al Antiguo Testamento.

4. El Nuevo Testamento está construido sobre el Antiguo Testamento y no puede entenderse completamente sin él.

Los Rollos del Mar Muerto muestran que Cristo afirmó que el Antiguo Testamento es exacto y sobrenaturalmente preservado por Dios. Si pudo preservar el Antiguo Testamento, entonces Él puede continuar preservando tanto el Antiguo como el Nuevo Testamento.

Los rollos también son anteriores al tiempo de Cristo, por lo que todas las profecías en la Biblia acerca de la primera venida de Cristo eran imposibles de inventar, como afirman algunos críticos.

La Profecía Prueba Que La Biblia Es Inspirada

Solo Dios puede predecir el futuro, por lo que la profecía nos asegura que Dios escribió la Biblia. Ningún otro escrito de la humanidad que intente profetizar alcanzará la perfección de la Biblia.

Algunos escritos han mencionado profecías vagas, pero no se han cumplido o fueron tan generales que es difícil demostrar que lo hicieron.

Hay alrededor de 200 profecías que brindan detalles sobre la primera venida de Cristo a la tierra, y Cristo cumplió cada una de estas profecías con tal detalle que ninguna persona racional puede negarla. Y con respecto a la segunda venida de Cristo, también hay aproximadamente la misma cantidad de profecías, muchas de las cuales se están cumpliendo hoy ante nuestros propios ojos.

La profecía es lo que diferencia a la Biblia de cualquier otro escrito. Una vez más, algunos han argumentado que las profecías en la Biblia fueron escritas después, y, por lo tanto, son falsas. Sin embargo, el descubrimiento de los Rollos del Mar Muerto aniquila este argumento, ya que son anteriores al nacimiento y ministerio de Cristo en la tierra.

La Arqueología Demuestra La Veracidad de Las Escrituras

En toda la tierra de Israel, junto con otras áreas como el Medio Oriente, Asia y Europa, los descubrimientos arqueológicos demuestran que la Biblia es verdadera. Algunos pueden decir que la Palabra de Dios no es precisa, pero para hacerlo, tendrían que borrar la evidencia arqueológica de la faz de la tierra.

He viajado mucho a Israel y he sido testigo de los lugares, junto con la evidencia, donde ocurrieron los eventos de la Biblia. La Biblia es verdadera, y cuantos más descubrimientos los arqueológicos se realicen, mayor será la evidencia que respalde esta verdad.

Dios Es Capaz de Preservar Sobrenaturalmente Su Palabra Escrita

Si Cristo fue tan apasionado por la veracidad de las Escrituras y afirmó que era la misma Palabra de Dios, entonces también podemos confiar en la capacidad de Dios para preservar las Escrituras. Y si Dios preservó sobrenaturalmente la precisión del Antiguo Testamento, ciertamente también puede hacer lo mismo para el Nuevo Testamento.

Dios Declara Que Su Palabra Es Inspirada

2 Timoteo 3:16-17: *Toda Escritura es inspirada por Dios y útil para enseñar, para reprender, para corregir, para instruir en justicia, 17 a fin de que el hombre de Dios sea perfecto, equipado para toda buena obra.*

2 Pedro 1:19–21: *Y así tenemos la palabra profética **más segura**, a la cual ustedes hacen bien en prestar atención como a una lámpara que brilla en el lugar oscuro, hasta que el día despunte y el lucero de la mañana aparezca en sus corazones. 20 Pero ante todo sepan esto, que ninguna profecía de la **Escritura es asunto de interpretación personal**, 21 pues ninguna profecía fue dada jamás por un acto de voluntad humana, sino que **hombres inspirados por el Espíritu Santo hablaron de parte de Dios**.*

Hebreos 4:12–13: *Porque la palabra de Dios es **viva** y **eficaz**, y más **cortante** que cualquier espada de dos filos. Penetra hasta la división del alma y del espíritu, de las coyunturas y los tuétanos, y es poderosa para **discernir** los pensamientos y las intenciones del corazón. 13 No hay cosa creada **oculta** a Su vista, sino que todas las cosas están al descubierto y desnudas ante los ojos de Aquel a quien **tenemos que dar cuenta**.*

Mateo 4:4: *Pero Jesús le respondió: Escrito está: "No solo de pan vivirá el hombre, sino de toda palabra que sale de la boca de Dios."*

Mateo 5:18: *Porque en verdad les digo que hasta que pasen el cielo y la tierra, no se perderá ni la letra más pequeña ni una tilde de la ley hasta que toda se cumpla.*

Lucas 21:33: *El cielo y la tierra pasarán, pero Mis palabras no pasarán.*

Isaías 55:10–11: *Porque como descienden de los cielos la lluvia y la nieve, Y no vuelven allá sino que riegan la tierra, Haciéndola producir y germinar, Dando semilla al sembrador y pan al que come. 11 Así será Mi palabra que sale de Mi boca, No volverá a Mí vacía Sin haber realizado lo que deseo, Y logrado el propósito para el cual la envié.*

Es útil usar la evidencia de los Rollos del Mar Muerto, la realidad de la profecía, y la arqueología para compartir la veracidad de la Biblia. Estas verdades proporcionan evidencia abrumadora de que la Biblia es inspirada y ha sido preservada por Dios.

Otro factor clave es mostrar cómo Jesús dio credibilidad al Antiguo Testamento y afirmó que era la misma Palabra de Dios. Por lo tanto, si Dios pudiera preservar sobrenaturalmente el Antiguo Testamento, podemos estar seguros de que los manuscritos de la Biblia que poseemos hoy han sido preservados y son precisos también.

Pero más poderosa que la evidencia de los Rollos del

Mar Muerto y la arqueología, es la misma Palabra de Dios. Por lo tanto, avance lo más rápido que pueda para compartir de la Biblia porque sus mismas afirmaciones reclaman ser exactas y obra de Dios.

¿Se Ha Alterado La Biblia a Lo Largo de Los Años a Medida Que Fue Copiada y Traducida?

Muchas personas tienen la idea de que la Biblia ha sido copiada, recopilada, luego traducida a un idioma determinado y luego copiada de ese idioma a otro y así hasta el día de hoy. Por lo tanto, algunos creen que su significado y precisión han sido alterados y cambiados durante este largo proceso.

Sin embargo, no es así como ha funcionado. Las versiones de la Biblia que tenemos hoy utilizan manuscritos que se remontan a la época de Cristo. Y tenemos un excedente de alrededor de 24,000 manuscritos en parte o en su totalidad que usamos para traducir los manuscritos modernos para asegurarnos de tener las versiones más precisas. Por lo tanto, la Biblia no se ha modificada debido a la traducción tras traducción, ya que estamos utilizando los manuscritos más antiguos y mejores que datan de la época de los originales.

Es cierto que no tenemos los manuscritos originales de la Biblia. Pero eso no debería ser alarmante ya que eran tan valiosos que se desgastaron debido a su gran uso. Sin embargo, muchas copias de los originales fueron hechas y transmitidas.

¿Qué Pasa Con Todas Las Diferentes Versiones y Traducciones de La Biblia?

Hoy, tenemos una gran cantidad de traducciones de la Biblia para elegir. Esto no es algo malo, pero bueno. Muestra el valor de la Biblia y el deseo de que esté lo más disponible posible.

Existen ligeras variaciones en los manuscritos y versiones de la Biblia, pero son pequeñas y no afectan a ninguna doctrina. El hecho de que tengamos una abundancia abrumadora de manuscritos con tan pequeñas variaciones entre ellos es un milagro. Esto prueba la mano sobrenatural de Dios para preservar Su Palabra a lo largo de los siglos.

La mayoría de las traducciones principales están volviendo a los idiomas originales de los manuscritos más antiguos para su fuente material. Entonces, una vez más, no es como si una Biblia se estuviera copiando a otra, etc.

3. ¿Qué Pasa Con Todas Las Diferentes Religiones Hoy En Día? ¿Cómo Solo Puede Ser Verdadero El Cristianismo?

Este es un obstáculo usado ampliamente y con frecuencia por los no salvos. Y con toda honestidad, es una pregunta justa y debemos estar preparados para responder. Si no, vamos a perder la confianza con nuestros oyentes.

Cristo afirmó que surgirían muchos falsos profetas en los últimos días que engañarían a muchos. Como resultado, hoy hay una miríada de religiones falsas y enseñanzas circulando. Esto puede ser confuso para los no salvos, y como se mencionó, un tema que comúnmente surgirá al compartir el evangelio.

¿Cómo podemos saber cuál religión es verdadera? La respuesta se encuentra en la autoridad de las Escrituras y la identidad de Cristo.

La primera tarea al hablar de otras religiones es establecer la autoridad de las Escrituras. Si esto no se hace, entonces es solo el sistema de creencias de una persona sobre el de otra. Después de establecer la autoridad de las Escrituras, la siguiente tarea tiene que ver con la identidad de Cristo.

Las religiones falsas no creen que Jesús es completamente Dios y posee una deidad completa. Lo reducen a alguien creado, no eterno, un buen hombre, un buen profeta, un gran maestro, un dios pequeño, etc. Entonces, todo se reduce a lo que una religión cree acerca de Jesús.

Jesús afirmó ser mucho más que un buen hombre, un gran profeta, maestro, etc. Afirmó ser Dios en la carne, Padre Eterno, Dios Poderoso, Dios con nosotros, el Hijo de Dios, el Gran YO SOY, y el Mesías.

Hay tres opciones disponibles con respecto a quién es Cristo:

1. Él era de hecho quien decía ser, Dios en la carne.

2. Era un mentiroso porque decía ser Dios en la carne, pero no lo era.

3. Era un loco porque creía que era Dios, pero no lo era.

Si, como afirman todas las religiones falsas, Jesús no es completamente Dios, entonces, según ellos, tendría que ser el mentiroso más grande que haya existido alguna vez, o un lunático que estaba loco porque decía ser Dios en la carne, pero no fue. Y si era un mentiroso y un loco, entonces tampoco puede ser un buen hombre, gran maestro, profeta, etc. No puede ser en ambos sentidos, Cristo no puede ser un mentiroso y un loco, y una buena persona al mismo tiempo. Por lo tanto, la única opción viable es que Cristo era realmente quien dijo que era, Dios en la carne que habitaba entre nosotros.

Los siguientes son algunos versículos para equiparlo en la defensa de la deidad de Cristo:

Juan 1:1: *En el principio ya existía el Verbo, y el Verbo estaba con Dios, y el* **Verbo era Dios.**

Juan 1:14: *El* **Verbo se hizo carne,** *y* **habitó entre nosotros,** *y vimos Su gloria, gloria como del unigénito del Padre, lleno de gracia y de verdad.*

Juan 5:18: *Entonces, por esta causa, los judíos aún más procuraban matar a Jesús, porque no solo violaba el día de reposo, sino que también llamaba a Dios Su propio Padre,* ***haciéndose igual a Dios.***

Juan 8:58: *Jesús les dijo: En verdad les digo, que antes que Abraham naciera,* **YO SOY.**

Esta proclamación de Cristo es una cita de Éxodo 3:14: *Y dijo Dios a Moisés:* **YO SOY EL QUE SOY,** *y añadió: Así dirás a los israelitas: "***YO SOY** *me ha enviado a ustedes."*

Esta declaración fue tan ofensiva para los líderes religiosos que recogieron piedras en un intento de matar a Jesús:

Juan 10:30–33: Yo *y el Padre somos uno* *31 Los judíos volvieron a tomar piedras para tirárselas. 32 Entonces Jesús les dijo: Les he mostrado muchas obras buenas que son del Padre. ¿Por cuál de ellas me apedrean? 33 Los judíos le contestaron: No te apedreamos por ninguna obra buena, sino por blasfemia;* ***y porque Tú, siendo hombre, te haces Dios.***

Juan 20:28: *¡****Señor mío y Dios mío!****, le dijo Tomás.*

Colosenses 2:9: *Porque toda la plenitud de la Deidad* ***reside corporalmente en Él.***

Filipenses 2:9–11: *Por lo cual Dios también lo exaltó hasta lo sumo, y le confirió el nombre que es sobre todo nombre, 10 para que al nombre de Jesús se doble toda rodilla de los que están en el cielo, y en la tierra, y debajo de la* *tierra, 11 y **toda lengua confiese que Jesucristo es Señor**, para gloria de Dios Padre.*

Hebreos 1:8: *Pero del Hijo dice: **Tu trono, oh Dios**, es por los siglos de los siglos, Y cetro de equidad es el cetro de Tu reino.* Esto es citado del Salmo 45:6.

Isaías 9:6: *Porque **un Niño nos ha nacido**, un **Hijo nos ha sido dado**, Y la soberanía reposará sobre Sus hombros. Y se llamará Su nombre Admirable Consejero, **Dios Poderoso, Padre Eterno**, Príncipe de Paz.*

A Jesús también se le oró, adoró, y Cristo realizó cada clase de milagro para mostrar que Él era el Señor sobre todos los aspectos de la creación:

- Jesús curó todo tipo de enfermedades.
- Jesús tenía poder sobre los demonios y el mundo demoníaco.
- Jesús tuvo poder sobre el clima y calmó el mar.
- Jesús tenía poder sobre la naturaleza: maldijo una higuera y murió.
- Jesús tenía poder sobre los animales: arrojó demonios a una manada de cerdos, realizó capturas milagrosas de peces, y cabalgó hacia Jerusalén en un burro indómito.
- Jesús tenía poder sobre la comida: alimentaba a 5,000 y 4,000 personas en diferentes ocasiones.
- Jesús tenía poder sobre la muerte: resucitó a varias

personas de entre los muertos y Él mismo resucitó de la muerte.

- Jesús tenía autoridad para perdonar pecados.

Nuevamente, si Jesús no es quien dijo ser, entonces solo sería un mentiroso o un loco y no sería digno de pagar la pena y las consecuencias de nuestros pecados. Esto, a su vez, dejaría a todos sin perdón, y perdidos en sus pecados.

4. Básicamente Soy Una Buena Persona y No He Hecho Nada Gravemente Malo

La mayoría de las personas con quienes compartimos el evangelio tendrán una afirmación válida de que generalmente son una buena persona. Intentan ayudar a los demás, son amables y considerados, y hacen buenas acciones cuando pueden. Sin embargo, esto no responde al gran dilema del problema raíz de nuestro pecado.

Nuestro mayor pecado es la separación de Dios, no tener una relación con Él, y no amarlo con todo nuestro corazón, alma, mente, y fuerza. Necesitamos nacer de nuevo, reconciliarnos con nuestro Creador, y recibir un nuevo corazón y naturaleza de Él. Entonces, ser una buena persona en general y no cometer pecados horribles no resuelve el problema.

Mateo 22:34–40: *Los fariseos se agruparon al oír que Jesús había dejado callados a los saduceos. 35 Uno de ellos,* *intérprete de la ley, para poner a prueba a Jesús, le preguntó: 36 Maestro, ¿cuál es el gran mandamiento de la ley? 37 Y Él le contestó: Amarás al Señor tu Dios con todo tu corazón, y con toda tu alma, y con toda tu mente. 38 Este es el grande y primer mandamiento. 39 Y el segundo es semejante a este: Amarás a tu prójimo como a ti mismo. 40 De estos dos mandamientos dependen toda la ley y los profetas.*

Si el mayor mandamiento es amar a Dios con todo nuestro ser, entonces el mayor pecado es no hacerlo. Esto es de vital importancia para entender. El mayor pecado de una persona no es asesinato, adulterio, robo, etc. Todos estos son pecados, pero no se comparan con la severidad de rechazar una relación con Dios y no amarlo.

Por lo tanto, debemos establecer con los no salvos que su mayor pecado es estar separados de Dios y no amarlo y servirlo con todo su corazón. Si no ven la raíz del problema de su pecado, podemos perdernos fácilmente en el debate sobre la determinación de los niveles de pecado, quién es una persona buena o mala, y así sucesivamente.

Cuando una persona con la que estoy compartiendo el evangelio trata de defenderse como una buena persona, me gusta preguntarles si están amando a Dios con todo su corazón, alma, mente, y fuerza. Esta pregunta generalmente cambia drásticamente su perspectiva del pecado.

Conclusión

Los no salvos tendrán muchas preguntas y plantearán ciertos obstáculos contra el evangelio. Algunos usarán estas preguntas como una excusa para evitar la realidad de la verdad con la que se enfrentan. Necesitamos estar preparados para responder a estos obstáculos y reemplazar pacientemente sus creencias equivocadas con la verdad:

1 Pedro 3:15: *sino santifiquen a Cristo como Señor en sus corazones, **estando siempre preparados para presentar defensa** ante todo el que les demande razón de la esperanza que hay en ustedes. Pero háganlo con mansedumbre y reverencia.*

Capítulo 12

Cómo Comenzar y Mantener Una Conversación Sobre El Evangelio

¿Es Ser Un Buen Ejemplo Suficiente?

Iniciar una conversación con los no salvos para compartir el evangelio puede ser un desafío. Para superar esto, muchos cristianos intentan vivir vidas tan piadosas ante los que no son salvos que con suerte se les preguntará qué hay de diferente en ellos. Esto, a su vez, abrirá la puerta para compartir su fe.

Esto es noble como una de las razones por las que muchos cristianos no comparten su fe, porque no tienen buenos testimonios y no son buenos ejemplos de Cristo. Por lo tanto, temen ser etiquetados como hipócritas o disminuidos si comparten su fe. Por esta razón, debemos tener un buen testimonio si tenemos alguna esperanza de compartir a Cristo con quienes nos conocen. Sin embargo, ¿es solo ser un buen ejemplo y tener un gran testimonio suficiente?

Ahora, si es absolutamente crítico y ciertamente bíblico que tengamos testimonios buenos, seamos grandes ejemplos, y vivamos de tal manera que otros se den cuenta. Sin embargo, hay más que estamos llamados a hacer. Habrá muchas veces cuando nuestros amigos y familiares no salvos nunca nos preguntarán acerca de nuestra fe. Además, también estamos llamados a compartir nuestra fe con extraños y aquellos que no nos conocen.

Por esta razón, debemos estar preparados y discernir cómo podemos iniciar una conversación con los no salvos sobre el evangelio.

Sea Sensible a Las Necesidades y Heridas de Los No Salvos

Los estudios revelan que diferentes eventos y experiencias en la vida de los no salvos hacen que estén más abiertos a Dios y a las preguntas más importantes de la vida. Si estamos discerniendo y buscando estas oportunidades, podemos usarlas para compartir el evangelio y mostrar cómo Dios puede ayudar a los no salvos en sus luchas. Estas oportunidades están disponibles durante los siguientes tipos de circunstancias y eventos:

- Grandes cambios en la vida
- Graduaciones
- Matrimonio
- Nacimiento de un niño
- Muerte de seres queridos
- Cambio de carrera
- Cambio de ubicación
- Crisis
- Problemas de enfermedad/salud
- Problemas de matrimonio/divorcio/separación
- Luchas de crianza de los hijos
- Problemas financieros
- Problemas familiares

- Problemas de pareja
- Problemas de depresión
- Problemas de culpa/vergüenza

Ideas Para Iniciar Conversaciones

Las siguientes son algunas ideas para comenzar una conversación sobre el evangelio:

- ¡Hola! Hoy estoy haciendo un pequeño cuestionario en el parque, preguntando a la gente sobre lo que creen. ¿Tiene tiempo para responder a algunas preguntas?

- ¡Hola! Estamos aquí compartiendo el evangelio, lo que significa buenas noticias. ¿Le gustaría saber al respecto?

- ¡Hola! Mi amigo y yo vivimos aquí en el vecindario y estamos haciendo un pequeño proyecto. Le hacemos varias preguntas a las personas sobre lo que creen acerca de Dios. ¿Podríamos preguntarle algunas?

- ¡Hola! Mi amigo y yo decidimos emprender el proyecto de verano de compartir el evangelio con todos en nuestro vecindario. ¿Ha oído hablar del evangelio, que significa buenas noticias?

- ¡Hola! Mi esposo/esposa y yo estamos haciendo un esfuerzo por orar por las personas y sus necesidades en nuestro vecindario. ¿Hay algo por lo que le gustaría que oremos?

- ¡Hola! Aquí hay algo (folleto bíblico) para que lo lea cuando tenga la oportunidad, o podríamos hablar de eso ahora si quiere

Preguntas Para Sostener Conversaciones

- ¿Cree que las personas son inherentemente buenas o malas?

- ¿Cómo sabemos lo que está bien o mal?

- ¿Cree que hay algo que comparten todas las culturas que es inherentemente incorrecto?

- ¿Qué cree que sucede después de la muerte?

- ¿Cree que la paz con Dios es un regalo gratis o algo que tenemos que ganar?

- ¿Tiene alguna creencia espiritual?

- ¿Cree en la vida después de la muerte?

- Si muriera hoy, ¿sabe a dónde iría?

- ¿Qué opina de "tal y tal" problema?

Consejos de Conversación

- Dios está con nosotros en nuestras conversaciones y está trabajando en el corazón de los no salvos mientras hablamos.

- Sea sensible acerca de comenzar "la charla" si tiene un tiempo limitado.

- No fuerce la discusión con los no salvos si parecen resistentes. Compartir el evangelio funciona mejor cuando están abiertos y receptivos a escucharlo. No es un fracaso si elige esperar un mejor momento.

- No sienta que necesita presionar para tomar una decisión en la primera conversación. Si les da algo para reflexionar y considerar, ha hecho un buen trabajo. El cambio de corazón en los no salvos a menudo necesita varios encuentros con la verdad (plantar, regar, etc.).

Cómo Superar La Incomodidad de Comenzar Una Conversación Sobre El Evangelio

Seamos realistas, comenzar una conversación y compartir el evangelio puede ser incómodo. Si dejamos que esto nos detenga o nos obstaculice, es posible que nunca compartamos nuestra fe. Rara vez es el momento perfecto para comenzar una conversación sobre Cristo. Sin embargo, si queremos aprovechar las oportunidades que Dios pone en nuestros caminos para compartir nuestra fe, debemos superar la incomodidad al hacerlo.

Intente enfocarse en las ramificaciones eternas de no compartir el evangelio en lugar de la dificultad o la incomodidad del momento. A los ojos de Dios, su participación en compartir el evangelio es extremadamente vital:

Romanos 10:13–15: *Porque: Todo aquel que invoque el nombre del Señor será salvo. 14 ¿Cómo, pues, invocarán a Aquel en quien no han creído? ¿Y cómo creerán en Aquel de quien no han oído? ¿Y cómo oirán sin haber quien les predique? 15 ¿Y cómo predicarán si no son enviados? Tal como está escrito:* **¡Cuan hermosos son los pies de los que anuncian el evangelio del bien!**

Discernir Dónde Comenzar El Evangelio Según Lo Que Cree La Persona Con La Que Está Hablando

La primera tarea al compartir el evangelio es establecer la autoridad de las Escrituras. Si esto no se hace, entonces es solo el sistema de creencias de una persona contra el de otra. Entonces, una de nuestras primeras preguntas para determinar es: "¿Qué cree esta persona acerca de la Biblia?" Si creen en la Biblia como la Palabra de Dios, entonces podemos pasar a la siguiente pregunta de si creen en el cielo y el infierno. Si ellos creen esto, entonces podemos pasar a la siguiente pregunta, que trata con lo que debemos hacer para ir al cielo y evitar el infierno. Entonces, la secuencia es la siguiente:

1. **La autoridad de las Escrituras:** Esto establece un fundamento para toda verdad. Sin ella, estamos perdidos en un mar de opiniones y creencias personales.

2. **La realidad del cielo y el infierno:** Si el cielo y el infierno no existen, entonces el evangelio es

irrelevante.

3. ¿Qué debemos hacer para ser salvos?: ¿Todos los caminos y creencias conducen al cielo? ¿Es Jesús el único camino al cielo? ¿Es la salvación por obras o por gracia a través de la fe?

Esta última pregunta es primordial porque muchas religiones falsas pueden creer en Dios, la Biblia, y el cielo y el infierno, pero creen que el camino a la salvación es diferente de lo que enseña la Biblia.

La secuencia de preguntas para determinar las respuestas a lo que nuestros oyentes creen sobre estas verdades sería:

1. ¿Cree que la Biblia es la Palabra inspirada de Dios y confiable?

2. ¿Cree en el cielo y el infierno?

3. ¿Qué cree que debemos hacer para estar bien con Dios e ir al cielo?

Una pregunta clave para determinar esta última creencia es la siguiente: "Si muriera esta noche y estuviera delante de Dios y Él le preguntara, ¿Por qué debería dejarle entrar al cielo?, ¿qué le diría?" La respuesta a esta pregunta le dirá mucho sobre lo que realmente cree la persona con la que comparte. También te dirá en qué están basando la salvación.

Basado en las respuestas a estas preguntas determinará nuestro punto de partida para compartir el evangelio.

Cada persona con quien se comparte el evangelio tendrá un punto de partida de acuerdo con lo que creen. Como se mencionó, algunas personas creerán en la Biblia, el cielo, el infierno, el pecado, y etc. Otros pueden no tener idea acerca de estas verdades y son ignorantes o eligen no creerlas. Antes de saber por dónde comenzar, necesitamos conocer las creencias básicas de nuestros oyentes.

El Ejemplo del Apóstol Pablo

El apóstol Pablo ofrece un hermoso ejemplo de cómo discernió el punto de partida desde el cual compartir el evangelio con sus oyentes en Atenas. Observe cómo Pablo pasa de la *Revelación General* (lo que podemos saber acerca de Dios a través de la creación) a la *Revelación Especial* (lo que podemos saber acerca de Dios a través de la Biblia) en su discurso:

Hechos 17:22–31: *Entonces Pablo poniéndose en pie en medio del Areópago, dijo: Varones atenienses, percibo que ustedes son muy religiosos en todo sentido. 23 Porque mientras pasaba y observaba los objetos de su adoración, hallé también un altar con esta inscripción: "AL DIOS DESCONOCIDO". Pues lo que ustedes adoran sin conocer, eso les anuncio yo. [**Punto inicial de Revelación General**] 24 El Dios que hizo el mundo y todo lo que en él hay, puesto que es Señor del cielo y de la tierra, no mora en templos hechos por manos de hombres, 25 ni es servido por manos* *humanas, como si necesitara de algo, puesto que Él da a todos vida y aliento y todas las cosas.*

26 De uno solo, Dios hizo todas las naciones del mundo para que habitaran sobre toda la superficie de la tierra, habiendo determinado sus tiempos y las fronteras de los lugares donde viven, 27 para que buscaran a Dios, y de alguna manera, palpando, lo hallen, aunque Él no está lejos de ninguno de nosotros. 28 Porque en Él vivimos, nos movemos y existimos, así como algunos de los poetas de ustedes han dicho: "Porque también nosotros somos linaje Suyo." 29 Siendo, pues, linaje de Dios, no debemos pensar que la Naturaleza Divina sea semejante a oro, plata o piedra, esculpidos por el arte y el pensamiento humano. 30 Por tanto, habiendo pasado por alto los tiempos de ignorancia, Dios declara ahora a todos los hombres, en todas partes, que se arrepientan. [Punto inicial de Revelación Especial] 31 Porque Él ha establecido un día en el cual juzgará al mundo en justicia, por medio de un Hombre a quien Él ha designado, habiendo presentado pruebas a todos los hombres cuando lo resucitó de entre los muertos.

Pablo ilustra maravillosamente cómo comenzó con la **Revelación General** y avanzó hacia la **Revelación Especial**. Tomó en cuenta el punto de partida de sus oyentes y los movió hacia Cristo y su obra en la Cruz.

También, sería prudente entender lo que nuestros oyentes creen y adaptar nuestro punto de partida a lo que entienden y creen sobre Dios y la salvación.

Conclusión

Superar la dificultad de comenzar y mantener una conversación sobre el evangelio se puede lograr fácilmente utilizando algunas de las ideas de este capítulo. Trate de familiarizarse con ellos y memorice algunos, de modo que esté preparado cuando surjan oportunidades para compartir su fe.

También, debemos tener en cuenta que cada persona con quien compartimos el evangelio tendrá un punto de partida de acuerdo con lo que creen. Necesitamos aprender lo que la persona cree, y luego proceder a partir de ahí.

Capítulo 13

¿Qué Actitudes Debemos Tener al Compartir El Evangelio?

Compartir El Evangelio Es Guerra Espiritual

Entrar en una charla sobre el evangelio con los no salvos es entrar en una arena de guerra espiritual. La batalla para ganar sus corazones y mentes a veces puede ser tensa. Es vital que comprendamos las actitudes correctas que debemos tener para ser efectivos en nuestras conversaciones con los no salvos, o podemos perder terreno ante el enemigo.

Los no salvos no lo saben, pero están en manos del diablo y engañados por él:

2 Corintios 4:3–4: *Y si todavía nuestro evangelio está velado, para los que se pierden está velado, 4 en los cuales **el dios de este mundo ha cegado el entendimiento** de los incrédulos, **para que no vean el resplandor del evangelio** de la gloria de Cristo, que es la imagen de Dios.*

Ya sea que los no salvos se den cuenta o no, Satanás los ciega al evangelio, y Satanás desea que permanezcan así. Nuestro trabajo es trabajar con el Espíritu Santo para eliminar su ceguera por la Palabra de Dios y Su Espíritu:

Efesios 6:12: *Porque nuestra lucha no es contra sangre y carne, sino contra **principados**, contra **potestades**, contra los **poderes de este mundo** de tinieblas, contra las **fuerzas espirituales de maldad** en las regiones celestes.*

Debemos tener en cuenta la realidad de la guerra espiritual, o podemos ser ingenuos, inexpertos, inmaduros, crédulos, e ineficaces al compartir el evangelio. Sin embargo, si entendemos lo que sucede detrás de la escena, seremos más efectivos en la batalla para ganar los corazones y las mentes de los no salvos.

Tener La Actitud Correcta Es Primordial

Estar involucrado en una conversación espiritual con los no salvos puede volverse frustrante, tenso, argumentativo, y cansado. Es fácil enojarse y perder las actitudes correctas que debemos tener en nuestras conversaciones.

Dios nos dice claramente qué tipo de actitudes deberíamos tener si queremos compartir efectivamente el evangelio y rescatar a los pecadores del alcance del diablo. Por lo tanto, deje que los siguientes versos se absorban profundamente:

2 Timoteo 2:24–26: *El siervo del Señor no debe ser* **rencilloso***, sino* **amable para con todos***,* **apto para enseñar***,* **sufrido***. 25 Debe reprender* **tiernamente** *a los que se oponen, por si acaso Dios les da el arrepentimiento que conduce al pleno conocimiento de la verdad, 26 y volviendo en sí,* **escapen del lazo del diablo***, habiendo* **estado cautivos** *de él para hacer su voluntad.*

Estos versículos son absolutamente vitales para aplicar al compartir el evangelio. De hecho, le desafío a memorizarlos. No puedo decirle cuántas veces he estado involucrado en conversaciones con creyentes y no creyentes cuando el Señor me ha recordado de estos versículos. Es muy fácil agitarse, irritarse, y enojarse en conversaciones sobre asuntos espirituales. Sin embargo, debemos darnos cuenta de que, si perdemos los estribos o nos irritamos, perdemos la batalla. No importa si decimos lo correcto, si lo decimos de manera incorrecta, entonces seremos considerados incorrectos. La gente solo verá nuestra ira y se cegará ante la verdad que compartimos. Satanás lo sabe y hará todo lo posible para que perdamos nuestra paciencia, de modo que nuestros oyentes estén cegados a la verdad y convencidos de que estamos equivocados.

Seis Actitudes Correctas Cuando Se Habla de Asuntos Espirituales

Teniendo en cuenta 2 Timoteo 2:24–26, centrémonos en las seis actitudes bíblicas que Dios describe en estos versículos:

1. Nosotros No Debemos Ser Rencillosos

Una persona rencillosa es de mal genio, contenciosa, irritable, argumentativa, excéntrica, y disidente.

Ser rencillosa también se define como tanto: *"Es honra para el hombre evitar las discusiones"* (Prov. 20:3).

Una persona bravucona muestra un espíritu de lucha cuyo propósito principal es ganar una discusión. Es orgulloso, infantil e inmaduro. Le importa más ganar que convencer.

Cuando hablamos con los no salvos, nuestro

objetivo es ser amorosos y pacientes con ellos. Estamos tratando de rescatarlos del cautiverio de Satanás, y las mentiras que él les ha convencido. Esto solo sucederá a través de la enseñanza y el diálogo paciente.

2. Nosotros Debemos Ser Amables

Ser amable es ser cálido, considerado, respetuoso, tierno, cariñoso, atento, compasivo, mostrando empatía, simpatía, comprensión, y amistad.

Si los no salvos, o cualquier persona con quien estamos hablando sobre asuntos espirituales, siente que no los amamos y que no estamos realmente preocupados por ellos, bloqueará y resistirá nuestras palabras. Por lo tanto, ser amable mantendrá y permitirá que nuestras palabras les sirvan.

3. Debemos Ser Capaces de Enseñar

Dios dice que también debemos ser capaces de enseñar. Enseñar a alguien significa que lo instruimos, lo guiamos y reemplazamos los pensamientos y creencias erróneas por los correctas.

Para enseñar a alguien, debemos estar bien informados. Necesitamos conocer bien la Palabra de Dios y comprender los argumentos generales en contra de la Biblia, Dios, y el evangelio. Deberíamos saber y ser capaces de articular nuestro testimonio y tener gracia y paciencia mientras enseñamos.

Dios dice que debemos estar listos y preparados

para dar una respuesta a aquellos con quienes hablamos sobre el evangelio:

1 Pedro 3:15: *Sino santifiquen a Cristo como Señor en sus corazones,* ***estando siempre preparados para presentar defensa*** *ante todo el que les demande razón de la esperanza que hay en ustedes. Pero háganlo con mansedumbre y reverencia.*

Las versiones de la Biblia NBLA y RVR 1960, usan la frase, *"**Estar preparados para defender**,"* al compartir el evangelio. Denota a una persona que ha pensado en las cosas, está lista y preparada, y sabe cómo defender la verdad contra las mentiras que Satanás ha convencido a los no salvos a abrazar.

La versión NBV de la Biblia brinda una comprensión adicional al usar la palabra *listo* en lugar de preparado:

Más bien, honren en su corazón a Cristo como Señor. Estén siempre ***listos*** *para responder a todo el que les pida explicaciones sobre la esperanza que ustedes tienen* (NBV).

Dios nos ordena que estemos preparados y listos para compartir el evangelio y defender la verdad. Es como una persona que estudia para un examen y lo pasa con gran éxito. Estudió, hizo su tarea y aprobó el examen. Si vamos a ser efectivos para derribar las falsas creencias con las que Satanás ha llenado las mentes de nuestros oyentes, debemos estar preparados y listos.

4. Debemos Ser Pacientes (Sufridos)

Paciente en este contexto significa calma, indulgente, sufriente, gentil, sereno, perseverante, persistente, de temperamento apacible, tolerante, tranquilo, calmado, y comprensivo.

Esta actitud es ciertamente necesaria cuando se lucha por los corazones y las mentes de los perdidos o equivocados. La paciencia es también una expresión del amor verdadero: *"El amor es paciente"* (1 Cor. 13:14). Cuando somos pacientes y aguantamos con alguien difícil o desafiante, realmente les mostramos nuestro amor y compromiso para rescatarlos de las mentiras con las que ellos y Satanás han llenado sus mentes.

5. Nosotros Debemos Ser Tiernos

Mostrar gentileza al compartir el evangelio o hablar con alguien sobre asuntos espirituales significa que somos tiernos, suaves, compasivos, considerados, templados, y bondadosos. Es lo opuesto a áspero, duro, violento, cruel, grosero, agitado, desagradable, e irritable.

La gentileza es uno de los frutos o actitudes de una persona que está llena y controlada por el Espíritu Santo:

Gálatas 5:22–23: *Pero el fruto del Espíritu es amor, gozo, paz, paciencia, benignidad, bondad, fidelidad, 23* *mansedumbre, dominio propio; contra tales cosas no hay ley.*

Dios también vincula la actitud de gentileza según sea necesario al compartir el evangelio:

1 Pedro 3:15: *Sino santifiquen a Cristo como Señor en sus corazones, estando siempre preparados para presentar defensa ante todo el que les demande razón de la esperanza que hay en ustedes. Pero háganlo con **mansedumbre** y reverencia.*

6. Nosotros Debemos Ser Respetuosos

Ser respetuoso significa que tratamos a los demás con dignidad y cortesía. No los menospreciamos, devaluamos sus pensamientos, nos burlamos de ellos, los ridiculizamos o los desconsideramos cuando compartimos el evangelio.

Cómo Derribar Fortalezas

Nuestra tarea de compartir el evangelio, o hablar con otros sobre asuntos espirituales, es reemplazar la mentira con la verdad. Dios usa la palabra *fortaleza* como sinónimo de creencias equivocadas:

2 Corintios 10:3–5: *Pues aunque andamos en la carne, no luchamos según la carne. 4 Porque las armas de nuestra contienda no son carnales, sino poderosas en Dios para la **destrucción de fortalezas**; 5 destruyendo **especulaciones** y todo **razonamiento altivo** que se **levanta contra el***

conocimiento de Dios, y poniendo todo pensamiento en cautiverio a la obediencia de Cristo.

Estas fortalezas son sistemas de creencias, filosofías, pensamientos, etc., que la gente cree que son ciertas, pero no lo son.

Nuestro trabajo es derribar estas fortalezas usando la Palabra de Dios con la actitud correcta. A menudo, es un trabajo duro y requiere paciencia. Quienes se aferran a ciertas creencias están totalmente convencidos de que tienen razón. La mayoría de las veces, sus creencias erróneas se basan en su cultura, experiencias, creencias de los demás, y su propio proceso de pensamiento, y no en la Biblia. Por lo tanto, para ser efectivos, necesitamos conocer la Palabra de Dios y poder usarla con precisión de acuerdo con cada creencia o filosofía incorrecta que enfrentemos:

2 Timoteo 2:15: *Procura con **diligencia** presentarte a Dios aprobado, como obrero que no tiene de qué avergonzarse, que maneja con precisión **la palabra de verdad.***

A medida que compartimos la verdad de la Palabra de Dios con precisión con aquellos que están atados a creencias erróneas, lentamente destruimos sus fortalezas y creencias erróneas y los reemplazamos con el pensamiento y la verdad correcto. Debemos entender lo que está sucediendo en este proceso para que podamos ser pacientes y tranquilos. Participar en esta actividad es entrar en una guerra espiritual, ya que Satanás hará todo lo posible para seguir cegando los ojos y los corazones de aquellos con quienes compartimos.

¿Qué Pasa Con Jesús, No Se Enojó y Se Puso Violento?

Algunos podrían preguntarse por qué Jesús se enojó en ocasiones, e incluso hizo un látigo y limpió el templo al expulsar a los cambistas. ¿No es esto contrario a lo que las Escrituras que hemos estado estudiando enseñan? Los siguientes son algunos pensamientos que creo que concilian este contraste.

1. Jesús era Dios y mostró ira e indignación justas. Cuando somos impacientes, irritables, frustrados, groseros, irrespetuosos, y enojados con los demás, simplemente estamos mostrando actitudes pecaminosas, no una justa indignación.

2. La limpieza del templo fue un cumplimiento de la profecía que reveló a la nación de Israel y a sus líderes que Jesús era el Mesías: *"Y haciendo un látigo de cuerdas, echó a todos fuera del templo, con las ovejas y los bueyes; desparramó las monedas de los que cambiaban el dinero y volcó las mesas. 16 A los que vendían palomas les dijo: Quiten esto de aquí; no hagan de la casa de Mi Padre una casa de comercio. 17 Sus discípulos se acordaron de que estaba escrito: **El celo por Tu casa me consumirá**"* (Juan 2:15–17).

3. Hubo muchas cosas que Jesús hizo como Dios en la carne que nosotros, como humanos, no podemos hacer, es decir, tocar leprosos, perdonar pecados, etc. Así que el hecho de que Jesús expulsó a los cambistas no significa que debamos hacer lo mismo.

4. Jesús dirigió su lenguaje más fuerte hacia los líderes religiosos, y aquellos que sabían la verdad, pero la rechazaron. Esto también fue un cumplimiento de la profecía: *"Por eso les hablo en parábolas; porque viendo no ven, y oyendo no oyen ni entienden. 14 Y en ellos se cumple la profecía de Isaías que dice: 'Al oír, ustedes oirán, pero no entenderán; Y viendo verán, pero no percibirán; 15 Porque el corazón de este pueblo se ha vuelto insensible, Y con dificultad oyen con sus oídos; Y han cerrado sus ojos; De otro modo, verían con los ojos, Oirían con los oídos, Y entenderían con el corazón, Y se convertirían, Y Yo los sanaría'"* (Mat. 13:13–15). Cristo habló de manera muy diferente a las personas humildes y receptivas.

5. La venganza pertenece al Señor, no a nosotros. Jesús estaba en el lugar que le correspondía para expulsar a los cambistas y enojarse ocasionalmente porque era Dios en la carne. Siendo Dios, tenía derecho a vengarse. No tenemos ese mismo derecho: *Amados, nunca tomen venganza ustedes mismos, sino den lugar a la ira de Dios, porque escrito está: **Mía es la venganza**, Yo pagaré, dice el Señor* (Rom. 12:19).

6. Creo que podemos ser audaces y firmes, pero no debemos ser groseros, o estar irritados al hacerlo. Es bueno y noble tener una justa indignación; sin embargo, debemos ejercerlo con mucho cuidado, o puede ser mal entendido.

Conclusión

Queda claro que, para ser efectivos al compartir el evangelio, debemos tener actitudes piadosas y correctas. Una vez más, podemos decir lo correcto, pero si lo decimos con una actitud incorrecta, nuestro mensaje puede ser bloqueado por nuestros oyentes y todo lo que verán es nuestras malas actitudes. No verán el amor y la verdad de Dios porque nuestras actitudes equivocadas los cegarán.

Capítulo 14

Lo Que Dios Hace Cuando Compartimos El Evangelio

Cristo Está Con Nosotros Cuando Compartimos El Evangelio

Cristo, quien es Dios, y en quien reside toda autoridad en el cielo y en la tierra, está con nosotros cuando compartimos el evangelio.

Cuando compartimos el evangelio o hablamos de asuntos espirituales, a menudo podemos sentir que solo somos una persona insignificante que habla. En algunos aspectos, esto es cierto; sin embargo, cuando nos damos cuenta de que Cristo está presente con nosotros en todas nuestras conversaciones, revolucionará nuestro pensamiento:

Mateo 28:18–20: *Acercándose Jesús, les dijo:* **Toda autoridad** *me ha sido dada en el* **cielo y en la tierra.** *19 Vayan, pues, y hagan discípulos de todas las naciones, bautizándolos en el nombre del Padre y del Hijo y del Espíritu Santo, 20 enseñándoles a guardar todo lo que les he mandado; y ¡recuerden!* **Yo estoy con ustedes todos los días, hasta el fin del mundo.**

Cristo dijo que, *"**Toda autoridad me ha sido dada.**"* No dijo que se me ha otorgado el 50%, el 90%, o incluso el 99.9% de la autoridad. Dijo que el 100% de toda la autoridad me ha sido dada. Él podría decir esto porque Él era Dios en la carne, y actualmente, Él es Dios todopoderoso también. Por lo tanto, toda autoridad en el cielo y en la tierra ha sido dada a Cristo.

Cristo no solo tiene toda la autoridad, sino que

208

aclara dónde tiene esta autoridad. Está en el cielo y en la tierra. ¿Hay algún otro lugar además del cielo y la tierra? Entonces, estamos hablando de la máxima autoridad en el universo dada a Cristo. ¡Ese es un pensamiento asombroso!

Luego, Cristo terminó su mandato de la Gran Comisión con esta poderosa declaración, "*Y he aquí, yo estoy contigo siempre, incluso hasta el fin de los tiempos*." Como resultado de esta declaración, la poderosa verdad y realidad es que Aquel en quien reside toda la autoridad en el universo está con nosotros mientras compartimos el evangelio.

Por lo tanto, no estamos solos. Tenemos a Aquel en quien reside todo el poder del universo con nosotros ayudándonos mientras compartimos el evangelio. ¡Increíble! Entonces, cuando comparta el evangelio, comprenda que Cristo está consigo, ayudándole y trabajando en el corazón de la persona con la que está hablando. También, Cristo se apasiona tanto que compartamos el evangelio que coloca continuamente a las personas en nuestros caminos con quienes podemos compartir.

Dios Habla al Corazón de Los No Salvos Mientras Compartimos Su Palabra Con Ellos

¡Dios habita en Su Palabra! Por esta razón, Él dice que es viva, activa, aguda, penetrante, y juzga los pensamientos e intenciones de nuestros corazones:

Hebreos 4:12-13: *Porque la palabra de Dios es **viva** y **eficaz**, y más **cortante** que cualquier espada de dos filos. Penetra hasta la división del alma y del espíritu, de las coyunturas y los tuétanos, y es poderosa para **discernir los pensamientos y las intenciones del corazón**. 13 No hay cosa creada oculta a Su vista, sino que todas las cosas están al descubierto y desnudas ante los ojos de Aquel a quien tenemos que dar cuenta.*

Cuando compartimos la Palabra de Dios con otros, podemos contar con que Dios le hable al corazón de la persona con quien estamos hablando. Él está dentro de ellos, hablando, afirmando, condenando, trabajando, y ministrando.

Por lo tanto, estamos en asociación con Dios. Estamos hablando Su Palabra y verdades, y Él está dentro de ellos hablando también. Por esta razón, no estamos solos. Dios está con nosotros y usa nuestras palabras, y las palabras de las Escrituras, para llevar a una persona a la salvación y al conocimiento de sí mismo.

Qué verdad tan alentadora para entender y aceptar. Esto debería darnos una gran valentía y ánimo para compartir el evangelio.

El Papel del Espíritu Santo En El Corazón de Los No Salvos

No solo tenemos a Cristo con nosotros en el proceso de evangelismo, y Dios habitando y usando Su Palabra en el corazón de la persona con quien compartimos, sino que el Espíritu Santo también está trabajando en ellos:

Juan 16:7–11: *Pero Yo les digo la verdad: les conviene que Yo me vaya; porque si no me voy, el Consolador no vendrá a ustedes; pero si me voy, se lo enviaré. 8 Y cuando Él venga, **convencerá al mundo** de **pecado**, de **justicia** y de **juicio**; 9 de pecado, porque no creen en Mí; 10 de **justicia**, porque Yo voy al Padre y ustedes no me verán más; 11 y de **juicio**, porque el príncipe de este mundo ha sido juzgado.*

El papel del Espíritu Santo es convencer a los no salvos de tres cosas: (1) pecado (2) justicia, y (3) juicio. A medida que ministramos a los no salvos a través de la Palabra de Dios, podemos contar con que el Espíritu Santo también trabaje para usar nuestras palabras para hablar del pecado, la justicia, y el juicio.

También, podemos estar seguros de que incluso antes de decirle algo a los no salvos, el Espíritu Santo ya ha estado trabajando para condenarlos de estas cosas.

Apologética Presuposicional

La apologética es una rama del cristianismo que defiende la autoridad de la Palabra de Dios, el carácter de Dios, y el cristianismo en su conjunto, y también usa la Biblia como un "arma" ofensiva (por ejemplo, como una espada) contra todas las demás creencias del mundo y la oposición.[28]

La frase traducida como "dar una defensa" o, a veces, "dar una respuesta" en 1 Pedro 3:15 proviene de la palabra griega apología, que literalmente significa "defensa razonada." No significa disculparse, lo cual es un error común entre algunos que no están familiarizados con este impulso del cristianismo. Significa dar una defensa lógica de la fe cristiana.[29]

Entre las ramas de la apologética cristiana hay un tipo específico conocido como *Apologética Presuposicional*. Viene de la palabra raíz para presuponer. Presuponer significa que damos por sentado ciertas verdades que una persona conoce. En lugar de discutir interminablemente en un debate sobre estos temas, podemos suponer (dar por sentado) que ya conocen estos hechos inherentemente.

Por ejemplo, en el capítulo 10, vimos cómo Dios se ha revelado a cada persona racional y ha incrustado en ellas ciertas verdades que conocen inherentemente.

---

[28] Ken Ham & Bodie Hodge, *What Is Apologetics—and Why Do It?*, Answers in Genesis, https://answersingenesis.org/apologetics/what-is-apologetics-and-why-do-it/, Accedido 17/02/2020

[29] Ibid., Accedido 17/02/2020

Estas Verdades Incrustadas Son:

1. La existencia de Dios: Romanos 1:18–21.

Dios ha revelado su existencia a cada persona, por lo que no tienen excusa. Por lo tanto, la verdad es que no existe un ateo, y podemos mostrar esto a través de la Palabra de Dios.

2. El conocimiento del bien y el mal: Romanos 2:14–16.

Dios ha escrito su ley del bien y el mal en el corazón de cada persona, por lo que tienen este conocimiento incrustado dentro de ellos. Por lo tanto, no es necesario discutir interminablemente sobre esta verdad porque cada persona racional instintivamente sabe que ha hecho mal y que es pecadora.

3. Toda persona tiene una conciencia que los convence de lo correcto y lo incorrecto: Romanos 2:15.

Junto con el conocimiento inherente de la existencia de Dios, y lo correcto y lo incorrecto, toda persona racional tiene una conciencia que les habla y los condena por el pecado. Esto es algo incrustado dentro de ellos. Entonces, una vez más, no necesitamos discutir incansablemente sobre esto porque ya lo saben en el fondo de su corazón.

4. Toda persona es condenada por el Espíritu Santo: Mateo 16:7–8.

Todos reciben un sentido de convicción del Espíritu Santo con respecto a su pecado, falta de justicia, y el juicio que les espera como resultado. Por lo tanto, cuando compartimos el evangelio con los no salvos, podemos estar seguros de que el Espíritu Santo ya los ha convencido de que son pecaminosos y el juicio los espera.

Conclusión

Tenemos a Cristo, en quien todo el poder del universo reside, ayudándonos mientras compartimos el evangelio. Por lo tanto, no estamos solos y podemos contar con la gracia y la ayuda de Cristo mientras evangelizamos.

Debido a que podemos estar seguros de que Dios está trabajando en el corazón de cada persona que no es salva, y que les ha revelado ciertas verdades, no necesitamos perdernos al debatir estos hechos. Simplemente podemos señalarles la Palabra de Dios y mostrarles lo que dice. Mientras lo hacemos podemos decirles amablemente que, si pueden decir que son ateos, o que no creen que son pecadores, sino en el fondo de su corazón saben lo contrario.

La *Apologética Presuposicional* es tan aliviadora porque elimina la carga de discutir sin cesar sobre la existencia de Dios, lo correcto y lo incorrecto, y la pecaminosidad de la humanidad. Estas verdades están incrustadas en cada persona y las conocen inherentemente en lo más profundo de sus corazones.

Ahora, si bien es apropiado discutir estos asuntos con cierto detalle, no es necesario ni rentable enredarse en ellos. Simplemente podemos mostrarles la Palabra de Dios y seguir adelante.

Capítulo 15

¿Eres Un Pescador de Hombres?

La evangelización es un componente esencial del mandato de la Gran Comisión. No es solo para misioneros en una tierra lejana o aquellos con el don de evangelismo, sino para todos. Todos deberían participar en el evangelismo de una forma u otra.

El Enfoque de Cristo En El Evangelismo

El mandato de la Gran Comisión incluye evangelismo:

Mateo 28:19: *Vayan, pues, y **hagan discípulos** de todas las naciones, bautizándolos en el nombre del Padre y del Hijo y del Espíritu Santo.*

Además, el texto correspondiente en Marcos 16:15 nos dice que, *"**Proclamen el evangelio** a toda la creación."*

También, vemos en la vida y obra de Cristo su enfoque concentrado en la evangelización. Continuamente llamaba a la gente a seguirlo, revelando la pasión de su corazón:

Lucas 19:10: *Porque el Hijo del Hombre ha venido a buscar y a **salvar lo que se había perdido**.*

Si queremos ser como Jesús, entonces deberíamos tener una pasión por el evangelismo como Él lo tiene.

Podemos medir, en parte, nuestra madurez espiritual por el nivel de pasión que tenemos por la evangelización. Si uno de los principales propósitos de Cristo en la tierra era buscar y salvar a los perdidos, ciertamente también debería ser uno de los nuestros, y si no, revela que somos espiritualmente inmaduros.

Desafortunadamente, la mayoría de los cristianos no comparten su fe, ni invitan a sus amigos a la iglesia. Por esta razón, Cristo diría tristemente a muchos cristianos hoy lo mismo que les dijo a aquellos durante Su tiempo en la tierra:

Mateo 9:37–38: *Entonces dijo a Sus discípulos: La cosecha es mucha, **pero los obreros pocos**. 38 Por tanto, pidan al Señor de la cosecha que envíe obreros a Su cosecha.*

Cristo Llamó a Sus Discípulos a Ser Pescadores de Hombres

Jesús les dijo a sus discípulos que los haría pescadores de hombres:

Mateo 4:19: *Y les dijo: Vengan en pos de Mí, y Yo los haré **pescadores de hombres**.*

El mismo mensaje se aplica a nosotros hoy. Estamos llamados a ser pescadores de hombres. Un pescador de hombres simboliza a una persona que evangeliza. Les apasiona llegar a las personas con las buenas nuevas de Cristo, verlos salvos, reunidos con su Hacedor y rescatados de las consecuencias destructivas del pecado. Es amor verdadero.

Para la persona que descuida el evangelismo, debería darle una gran pausa. ¿Cómo pueden afirmar que aman a Dios y a los demás, y se preocupan tan poco por la pasión de Dios por alcanzar a los perdidos? ¿Cómo pueden quedarse de brazos cruzados mientras otros destruyen sus vidas, se dirigen al infierno y no les advierten?

La Mayoría de Los Cristianos No Son Pescadores de Hombres

En una investigación realizada por Jon D. Wilke, las estadísticas sobre los cristianos evangélicos de hoy que comparten su fe son angustiantes. Wilke revela, "Cuando se trata del discipulado, los congregantes batallan por compartir a Cristo con los no cristianos según un estudio reciente de protestantes estadounidenses que van a la iglesia. El estudio realizado por LifeWay Research encontró que el 80% de los que asisten a la iglesia una o más veces al mes creen que tienen la responsabilidad personal de compartir su fe, sin embargo, el 61% no le ha dicho a otra persona sobre cómo convertirse en cristiano en los seis meses anteriores."[30] Wilke continúa: "La encuesta también preguntó cuántas veces invitaron personalmente a una persona que no asiste a la iglesia a asistir a un servicio religioso u otro programa en su iglesia. Casi la mitad (48%) de los congregantes de la

---

[30] Jon D. Wilke, *Churchgoers Believe in Sharing Faith, Most Never Do,* LifeWay.com, http://www.lifeway.com/article/research-survey-sharing-christ-2012, Accedido 04/08/2015.

iglesia respondieron 'cero.'"[31]

Muchos de los que se llaman cristianos evangélicos no solo son extremadamente negligentes al compartir el evangelio, sino que muchos ni siquiera invitan a sus amigos no salvos a la iglesia. Cristo dijo que haría de sus discípulos pescadores de hombres. Sin embargo, para muchos de los llamados discípulos modernos, el evangelismo ni siquiera está en la pantalla de su radar.

Cristo Llama a Cada Creyente a Ser Su Testigo

Momentos antes de la ascensión de Cristo al cielo, repitió el mandato de la Gran Comisión con palabras ligeramente diferentes:

Hechos 1:8: *Pero recibirán poder cuando el Espíritu Santo venga sobre ustedes; y serán **Mis testigos en Jerusalén, en toda Judea y Samaria, y hasta los confines de la tierra.***

Otro término para testificar es evangelizar. Cristo dijo que algunos serían testigos en Jerusalén (su ciudad natal), algunos serían testigos en Judea (su condado), algunos serían testigos en Samaria (su estado o país), y algunos serían testigos hasta los confines de la tierra (misiones extranjeras). Aunque debían ser testigos en diferentes lugares, todos tenían el privilegio y la responsabilidad de evangelizar.

---

[31] Ibid., Accedido 04/08/2015.

Pablo instruyó a Timoteo, quien aparentemente era algo tímido, a cumplir con su responsabilidad en el evangelismo:

2 Timoteo 4:5: *Pero tú, sé sobrio en todas las cosas, sufre penalidades, **haz el trabajo de un evangelista**, cumple tu ministerio.*

A pesar de que era incómodo para Timoteo, todavía necesitaba hacer el trabajo de un evangelista.

Dios Ha Dado a Todos Los Creyentes El Ministerio de Reconciliación

2 Corintios 5:18–19: *Y todo esto procede de Dios, quien nos reconcilió con Él mismo por medio de Cristo, y nos dio el ministerio de la reconciliación; 19 es decir, que Dios estaba en Cristo **reconciliando al mundo con Él mismo**, no tomando en cuenta a los hombres sus transgresiones, y nos ha encomendado a nosotros la **palabra de la reconciliación**.*

De la misma manera que Cristo tuvo, y tiene hoy, el ministerio de reconciliación (reunir a los pecadores con Dios), también tenemos el mismo ministerio.

Algunos sienten que el evangelismo es principalmente para misioneros u otros que tienen el don del evangelismo. Si bien es cierto que algunos podrían tener este don, esto no quita la responsabilidad a otros de participar en la evangelización.

Nosotros Necesitamos Hablar, No Solo Mostrar

Una creencia común hoy en día es que debemos dejar que nuestras vidas hablen por nosotros y evangelizar principalmente "dejando que brille nuestra luz" ante los demás. Ahora bien, esta creencia contiene una verdad y es lo que nos da el derecho de compartir nuestra fe, pero si omitimos la responsabilidad equilibrada de evangelizar a través del hablar, estamos equivocados.

Si dejar que nuestra luz brille fuera suficiente, entonces Cristo, siendo perfecto, simplemente habría aparecido, sin decir mucho, y dejaría que Su "luz brille." Sin embargo, Cristo se conoce como la "Palabra" en las Escrituras que se hizo carne y habitó entre nosotros (Juan 1:14).

La palabra hablada es tan importante que a Cristo se le llama la "Palabra." Y Cristo pasó su vida hablando y haciendo tanto que Juan terminó su Evangelio diciendo:

Juan 21:25: *Y hay también muchas otras cosas que Jesús hizo, que si se escribieran en detalle, pienso que ni aun el* **mundo mismo podría contener los libros** *que se escribirían.*

Prácticamente todos los ejemplos que vemos en las Escrituras donde Dios quiere comunicar algo, usa tanto un recipiente limpio (dejando que brille nuestra luz) como la palabra hablada. Debemos tener cuidado de no permitir que el miedo al evangelismo nos asuste de compartir el evangelio a través de la palabra hablada, y usemos la excusa de "dejar que brille nuestra luz" como una razón para no hablar y ser valientes para Cristo.

Ideas Para Crecer En Evangelismo

1. Escriba su testimonio sobre cómo recibió a Cristo.

2. Practique compartir su testimonio con sus seres queridos o amigos.

3. Comparta su testimonio en la iglesia, en un grupo pequeño, en un estudio bíblico, con un amigo, etc.

4. Practique compartir el evangelio.

5. Ore por oportunidades para compartir su testimonio y el evangelio.

6. Lea y estudie otros versículos bíblicos sobre el evangelio.

7. Lea libros sobre apologética (cómo defender su fe).

8. Conozca mejor la Palabra de Dios, para que no se avergüence al compartir su fe y tenga más confianza (2 Tim. 2:15).

9. Conozca a los misioneros de su iglesia.

10. Ore por los misioneros.

11. Anime a los misioneros enviándoles tarjetas, llamándoles, etc.

12. Dar financieramente a los misioneros.

13. Considere servir como misionero (ya sea a corto o largo plazo).

14. Lea libros sobre grandes misioneros y los sacrificios que han hecho por Dios.

15. Lea libros y artículos sobre evangelismo.

16. Haga un estudio bíblico sobre evangelismo.

17. Busque a alguien en su iglesia que comparta el evangelio de manera regular y efectiva, y pídale que lo guíe en esta área.

18. Imprima folletos bíblicos provistos al final del capítulo 8 de este libro y úselos para compartir el evangelio.

Conclusión

Los creyentes que no están involucrados en el evangelismo son creyentes que no comparten la pasión de Cristo por ganar a los perdidos. No están obedeciendo a Cristo en el cumplimiento del Mandato de la Gran Comisión y muestran indiferencia ante el hecho de que los no creyentes van al infierno. Si Jesús vino a buscar y salvar a los perdidos, entonces Sus discípulos de hoy deberían hacer lo mismo. Sin embargo, la mayoría de los cristianos de hoy no son pescadores de hombres como lo fueron Cristo y sus discípulos y, en cambio, parecen detestar el evangelismo.

Hay una gran desconexión hoy en la vida de muchos cristianos entre lo que deberían hacer y lo que hacen. El hecho de que la gran mayoría de los cristianos no compartan su fe o inviten a sus amigos a la iglesia dice mucho sobre su nivel de madurez espiritual y devoción a Cristo.

Capítulo 16

¿Qué Es El Éxito y Fracaso al Compartir El Evangelio?

¿Cómo podemos medir el éxito o el fracaso al compartir el evangelio? Las siguientes son algunas preguntas útiles para ayudar a responder esta importante pregunta.

¿Comparto Fielmente El Evangelio?

Ciertamente podemos estar seguros de que, si rara vez o nunca compartimos el evangelio, entonces hemos fallado. Ni siquiera hemos salido de la primera base. Desafortunadamente, esta es una realidad para muchos cristianos. Tal vez tienen malos testimonios, por lo que se sienten culpables o hipócritas si hablan, o tal vez están demasiado ocupados, tal vez no saben cómo, tal vez son inmaduros y no saben que deberían hacerlo, o tal vez simplemente no lo hacen.

Cualquiera que sea la razón, hemos fallado si rara vez o nunca compartimos el evangelio. Cristo dio a cada creyente la orden de *"Ir a todo el mundo y predicar el evangelio"* (Marcos 16:15). También, dijo que seríamos sus testigos en Jerusalén (nuestra ciudad natal), Judea (nuestro condado), Samaria (nuestro estado o país) y las partes más extremas del mundo (Hechos 1:8). Todos debemos ser apasionados por cumplir estos mandatos y no debemos tomarlos a la ligera.

¿Comparto Fielmente Todos Los Pasos del Evangelio?

Una de las grandes debilidades hoy en día al

compartir el evangelio es que muchos comparten solo una parte de él. Hacen bien en hablar sobre el amor de Dios y cómo Él desea darnos vida, propósito y vida eterna, pero descuidan u omiten el reconocimiento del pecado, el arrepentimiento, y las consecuencias de rechazar a Cristo. Esto significa que están compartiendo un evangelio incompleto, que podría clasificarse como un evangelio falso. Como resultado, pueden hacer que algunos reciban a Cristo por razones egoístas o mal entendidas, y no alcancen la salvación genuina.

¿Siembro Fielmente La Semilla de La Palabra de Dios?

Una de mis parábolas favoritas en la Biblia es la parábola del sembrador:

Mateo 13:3–9: *Y les habló muchas cosas en parábolas, diciendo: El sembrador salió a sembrar; 4 y al sembrar, parte de la semilla cayó junto al camino, y vinieron las aves y se la comieron. 5 Otra parte cayó en pedregales donde no tenía mucha tierra; y enseguida brotó porque no tenía profundidad de tierra; 6 pero cuando salió el sol, se quemó; y porque no tenía raíz, se secó. 7 Otra parte cayó entre espinos; y los espinos crecieron y la ahogaron. 8 Y otra parte cayó en tierra buena y dio fruto, algunas semillas a ciento por uno, otras a sesenta y otras a treinta. 9 Él que tiene oídos, que oiga.*

Unos versos más tarde, Cristo explica la parábola:

Mateo 13:18–23: *Ustedes, pues, escuchen la parábola del sembrador. 19 A todo el que oye la palabra del reino y no la entiende, el maligno viene y arrebata lo que fue sembrado en su corazón. Este es aquel en quien se sembró la semilla junto al camino. 20 Y aquel en quien se sembró la semilla en pedregales, este es el que oye la palabra y enseguida la recibe con gozo; 21 pero no tiene raíz profunda en sí mismo, sino que solo es temporal, y cuando por causa de la palabra viene la aflicción o la persecución, enseguida se aparta de ella. 22 Y aquel en quien se sembró la semilla entre espinos, este es el que oye la palabra, pero las preocupaciones del mundo y el engaño de las riquezas ahogan la palabra, y se queda sin fruto. 23 Pero aquel en quien se sembró la semilla en tierra buena, este es el que oye la palabra y la entiende; este sí da fruto y produce, uno a ciento, otro a sesenta y otro a treinta por uno.*

Encontramos en esta parábola tres protagonistas claves: (1) el sembrador (2) la semilla y (3) los suelos. Nada cambia sobre los primeros dos protagonistas en la historia. El sembrador esparce la misma semilla en todos los suelos. Lo único que cambia es la receptividad de los suelos. Por lo tanto, la respuesta del suelo es lo que determina si la semilla encontrará un hogar y crecerá hasta la madurez.

Somos los sembradores, la Palabra de Dios es la semilla, y el suelo sobre el cual esparcimos la semilla son los corazones de las personas. No podemos determinar la respuesta del suelo; lo único que podemos hacer es esparcir la semilla. Cuando nos damos cuenta de que nuestro trabajo es solo esparcir la semilla fielmente, podemos descansar en Dios y en el resultado. Es la receptividad del suelo lo que determina el resultado, no nosotros y cuán sabios o dotados somos. Si bien queremos estar preparados, pero una vez más, no tenemos control sobre cómo responderá el suelo a la semilla.

Si esparcimos fielmente la semilla, entonces hemos tenido éxito ante Dios al compartir el evangelio. Si alguien rechaza a Cristo y su oferta de salvación después de haber compartido fielmente el evangelio usando la semilla de la Palabra de Dios, entonces no es nuestra culpa, es de ellos. Han rechazado a Cristo, no a nosotros. Por lo tanto, hemos tenido éxito y no deberíamos sentirnos mal o haber fallado.

Cristo compartió el evangelio con muchos que lo rechazaron, y fue un comunicador perfecto. Entonces, no importa cuán grande sea el comunicador, si el suelo no es receptivo, entonces la semilla simplemente no penetrará y crecerá.

¿Entiendo Que, Para Algunos, Soy Un Aroma de Vida, Pero Para Otros, Soy Un Aroma de Muerte?

Somos a la vez un aroma de vida y un aroma de muerte. Para aquellos que reciben el evangelio y creen en Cristo, somos un aroma de vida. Sin embargo, para aquellos que rechazan el evangelio, somos un aroma de muerte:

2 Corintios 2:15–16: *Porque fragante aroma de Cristo somos para Dios entre los que se salvan y entre los que se pierden. 16 Para unos,* **olor de muerte** *para muerte, y* **para otros, olor de vida para vida**. *Y para estas cosas, ¿quién está capacitado?*

Para aquellos con corazones abiertos y obedientes al evangelio, somos un aroma de vida. A través de nuestras palabras, Dios trae salvación a sus almas. Sin embargo, para algunos somos un aroma de muerte.

Creo que esto significa que, en el día del juicio, cuando los no salvos estén delante de Dios, Él usará nuestras palabras para agregar peso adicional a Su justicia al condenarlos al infierno. Aquellos con quienes compartimos recibieron la luz del evangelio, pero decidieron rechazarlo. Como resultado, somos un aroma de muerte para ellos porque eligieron la muerte sobre la vida.

Esta verdad también debería alentarnos mientras compartimos el evangelio. Dios usará nuestros esfuerzos en la vida de quienes reciben y rechazan nuestras palabras. Por lo tanto, si aquellos con quienes compartimos el evangelio lo reciben o no, hemos cumplido con nuestra responsabilidad ante Dios. Todo lo que podemos hacer es compartir el evangelio fielmente, cómo responden los demás es entre ellos y

Dios.

¿Cómo Van a Escuchar Sin Un Predicador?

Dios ha elegido usarnos en la vida de los no salvos de una manera vital. Nos ha llamado a una tarea importante y hermosa. Por esta razón, aquellos que comparten el evangelio son únicos y especiales, y Dios dice que sus pies son hermosos porque difunden buenas noticias:

Romanos 10:13–15: *Porque: Todo aquel que invoque el nombre del Señor será salvo. 14 ¿Cómo, pues, invocarán a Aquel en quien no han creído? ¿Y cómo creerán en Aquel de quien no han oído? ¿Y cómo oirán sin haber quien les predique? 15 ¿Y cómo predicarán si no son enviados? Tal como está escrito: "Cuan hermosos son los pies de los que anuncian el evangelio del bien."*

Los Trabajadores Son Pocos

Desafortunadamente, aquellos que se toman en serio la evangelización y el evangelio son pocos. Esta no es la voluntad de Dios, sino solo una realidad que existe. Cristo reconoció esto y dijo lo siguiente:

Mateo 9:35–38: *Jesús recorría todas las ciudades y aldeas, enseñando en las sinagogas de ellos, proclamando el evangelio del reino y sanando toda enfermedad y toda dolencia. 36 Y viendo las multitudes, tuvo compasión de ellas, porque estaban angustiadas y abatidas como ovejas que no tienen pastor. 37 Entonces dijo a Sus discípulos: La* *cosecha es mucha, pero los obreros pocos. 38 Por tanto, pidan al Señor de la cosecha que envíe obreros a Su cosecha.*

Primero, Cristo sintió compasión por los perdidos. ¿Sentimos lo mismo? En segundo lugar, Cristo vio a los perdidos como aquellos sin pastor, desanimados y angustiados. ¿Los vemos igual? Y finalmente, Cristo también notó un gran problema. La cosecha era abundante, pero los trabajadores eran pocos. Ese es el mismo problema que existe hoy. El problema no es que no haya cosecha, es que no la estamos buscando. No estamos involucrados.

Cristo entonces ofreció una solución. Ore por más trabajadores. ¿Estamos dispuestos a responder a la oración de Cristo y ser trabajadores fieles en la cosecha? Creo que la voluntad de Dios es que todos digamos "Sí" y entremos al campo de cosecha. Sin embargo, depende de nosotros. ¿Escucharemos su voz, la obedeceremos, y seremos obreros en la cosecha?

Conclusión

Las recompensas por participar en el mandato de la Gran Comisión estarán más allá de la comprensión. No solo estamos siendo obedientes y cumpliendo uno de nuestros principales llamamientos como discípulos de Cristo, sino que seremos recompensados en la eternidad por nuestro trabajo:

Daniel 12:3: *Los entendidos brillarán como el resplandor del firmamento, y **los que guiaron a muchos a la justicia**, como las estrellas, por toda la eternidad.*

Solo piense en la realidad de las recompensas que puede obtener si se toma en serio compartir el evangelio y participar en la cosecha. Brillará como las estrellas en el resplandor de los cielos por los siglos de los siglos. ¡Que bendición!

Proverbios 11:30: *El fruto del justo es árbol de vida, Y el que gana **almas es sabio**.*

Los que ganan almas son sabios porque salvarán a muchos para toda la eternidad. Piense en lo agradecidos que estarán aquellos con quienes compartió el evangelio cuando esté en el cielo. Jugó un papel en su salvación eterna. ¡Increíble! Qué bendición será eso.

Santiago 5:19–20: *Hermanos míos, si alguien de entre ustedes se extravía de la verdad y alguien le hace volver, 20 sepa que **el que hace volver a un pecador del error de su camino** salvará su alma de muerte, y **cubrirá multitud de pecados**.*

Aquellos que comparten el evangelio y rescatan a los pecadores del error de su camino cubrirán una multitud de pecados. No tendremos forma de medir las angustias evitadas, el sufrimiento, la agitación, y el tormento eterno borrados debido a sus esfuerzos.

Mi oración es que seamos pescadores de hombres y ganadores de almas para Cristo. Él está con nosotros, nos usa, ministra a través de nosotros, y habla en los corazones de aquellos con quienes hablamos. ¿Está usted comprometido? ¿Servirá? Estoy seguro de que lo hará. El hecho de que haya leído este libro muestra que es una persona seria acerca de servir a Cristo.

Hace algún tiempo, una participante misionera a corto plazo que sirvió en nuestro ministerio dijo que tenía alrededor de 35 años antes de escuchar el evangelio. A lo largo de su vida, tuvo muchos amigos que eran creyentes, pero nunca se esforzaron por hablar con ella sobre Cristo. Ahora tiene una pasión por compartir a Cristo y promete que nunca será como sus amigos cristianos que permanecieron en silencio y no compartieron con ella las mejores noticias que se hayan dado.

Gracias por leer este libro, y que Dios le bendiga ricamente. Que Dios le otorgue sabiduría, le llene de gracia al compartir el evangelio con los perdidos, y que usted llega a ser un pescador maestro de Cristo. Todo vale la pena, y el impacto eterno es inconmensurable.

Bibliografía

Bonhoeffer, Dietrich. *The Cost of Discipleship*. SCM Classics, Hymns Ancient and Modern Ltd. Kindle Edition. 2011-08-16.

C. S. Lewis Institute. *Sparking a Discipleship Movement in America and Beyond*. cslewisinstitute.org. http://www.cslewisinstitute.org/webfm_send/210.

Gotquestions.org. www.gotquestions.org/definition-sin.html.

Greenwold, Doug. *Being a First-Century Disciple*. 2007. Bible.org. https://bible.org/article/being-first-century-disciple.

Ham, Ken. Hodge, Bodie, *What Is Apologetics – and Why Do It?* Answers in Genesis. https://answersingenesis.org/apologetics/what-is-apologetics-and-why-do-it.

Hull, Bill. *The Complete Book of Discipleship: On Being and Making Followers of Christ*. The Navigators Reference Library 1. 2014. NavPress. Kindle Edition.

MacArthur, John. *The Gospel According to Jesus*. Grand Rapids, Michigan. Zondervan Publishing House. 1988.

Platt, David. *Follow Me*. Carol Stream, Tyndale House Publishers. 2013.

Robinson, Anthony B. *The Renewed Focus on Discipleship: Follow Me*. Christian Century, 124 no 18 S 4 2007, pp. 23-

25. Publication Type: Article. ATLA Religion Database with ATLASerials. Hunter Resource Library.

Tozer, A. W. *I Call It Heresy.* Harrisburg, Penn. Christian Publications. 1974. p. 5. Quoted by Dallas Willard. 2009-10-13. *The Great Omission.* HarperCollins. Kindle Edition.

Wilke, Jon D. *Churchgoers Believe in Sharing Faith, Most Never Do.* LifeWay.com. www.lifeway.com/article/research-survey-sharing-christ-2012.

Willard, Dallas. *The Great Omission.* 2009-10-13. HarperCollins. Kindle Edition.

Acerca de Autor

Todd (Miguel) Fink es fundador y director de Ministerios Casa de Luz y Holy Land Site. Como aprendiz de por vida, obtuvo una Licenciatura en Teología, una Maestría en Divinidad, una Maestría en Teología, y un Doctorado en Teología. Sirvió como pastor durante 12 años en una iglesia evangélica en Oregón (1987-1998).

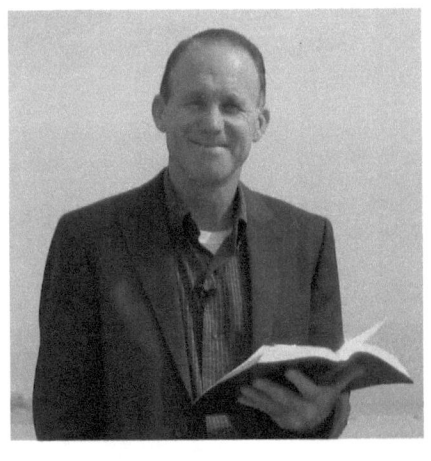

Todd Miguel Fink actualmente se desempeña como pastor y misionero en Ministerios Casa de Luz en México (1998 al presente) y también es autor, orador, y maestro. Él tiene una profunda pasión por la Palabra de Dios y le gusta ayudar a las personas a comprender sus verdades eternas. Está casado con su encantadora esposa, Letsy Ángela, y tiene cuatro hijos adultos.

Otros Libros Por Todd (Miguel) Fink

Discipulado Bíblico: Principios Esenciales Para Alcanzar La Madurez Espiritual

Discipulado Bíblico: Guía de Estudio: Principios Esenciales Para Alcanzar La Madurez Espiritual

Para ver más, por favor visita:
MinisteriosCasaDeLuz.com

Conectar Con Miguel

Correo Electrónico
ministerioscasadeluz.com@gmail.com

Facebook
Ministerios Casa de Luz

Sitios del Internet
MinsiteriosCasaDeLuz.com

Notas

www.ingramcontent.com/pod-product-compliance
Lightning Source LLC
Chambersburg PA
CBHW030148100526
44592CB00009B/176